Christoph Wagner-Trenkwitz

Schon geht der nächste Schwan

Christoph Wagner-Trenkwitz

Schon geht
der nächste Schwan

Eine Liebeserklärung an die Oper
in Anekdoten

Mit 41 Abbildungen

Amalthea

Bildnachweis

Wiener Staatsoper GmbH/Axel Zeininger (31, 36, 39, 74, 81, 96, 99,
106, 122, 230, 240, 241, 244, 245, 252). Peter Hofstoetter (15).
Volksoper Wien GmbH/Dimo Dimov (S. 46, 48, 92, 97, 118, 136, 137, 139).
Haus der Musik (50). Privat (58, 76, 129, 132, 167, 202, 215, 229).
ORF (176, 179, 205). Stadtzeitung FALTER (181, 183).

Abdruck des Gedichtes »Hallo, Schwan!« von Heinz Erhardt
mit freundlicher Genehmigung des Lappan Verlages, Oldenburg.

Besuchen Sie uns im Internet unter:
www.amalthea.at

© 2009 by Amalthea Signum Verlag, Wien
Alle Rechte vorbehalten
Umschlaggestaltung: Kurt Hamtil, verlagsbüro wien
Umschlagbild: Wiener Staatsoper GmbH/Axel Zeininger
Herstellung und Satz: VerlagsService Dr. Helmut Neuberger
& Karl Schaumann GmbH, Heimstetten
Gesetzt aus der 11,4/15 Punkt New Caledonia
Druck und Bindung: CPI Moravia Books GmbH
Printed in the EU
ISBN 978-3-85002-697-0

Inhalt

WOHER DER SCHWAN KOMMT
Keine Einleitung 9

»ICH WEISS, ICH BIN NICHT RUDOLPH VALENTINO«
Von der Kunst des Dirigierens 14

TENÖRE UND ANDERE AUSNAHMEN
Von der Kunst des Singens 34

ES KANN NUR EINE(N) GEBEN
Auch Intendanten und Regisseure sind
so etwas wie Künstler 79

DER PROFESSOR VOM HOTEL SACKERL
Unser aller Marcel Prawy 122

ALLES MOZART!
Geschriebenes aus dem Jahre 2006 138

EINE SPITZE, GRÖSSER ALS DER EISBERG
Postskripta zum Opernball 173

EINES ABENDS IM RENNVEREIN
Ein löblicher Exkurs 204

DIE ABTEILUNG FÜR DIE UNHEILBAREN
Was sonst noch so am Theater vorfällt 214

WO IST DIE OPER? IN DER KRISE!
… und womit? Mit Recht! 239

SCHLUSS JETZT!
Kein Nachwort 251

PERSONENREGISTER 253

Dieses Buch widme ich Cornelia.

Wenn Sie es jemand anderem widmen wollen,
dann schreiben Sie hier:

Hallo, Schwan!

Schon lange vor der Eisenbahn
gabs als Transportmittel den Schwan.
Wolltst du verreisen noch so weit:
Ein Schwan mit Kahn stand stets bereit!
Du nanntest ihm das Endziel bloß,
stiegst ein, und, hui, schon ging es los!

Nun war – ganz in der Näh vom Grale –
so eine Art von Schwan-Zentrale,
in der erregt ein Herr erschien
und rief: Ich bin der Lohengrin!
Und haben Sie wohl an der Hand
'nen Schwan? Ich muss gleich nach Brabant!
Ich bitte um ein schnelles Tier,
denn Elsa ruft schon sehr nach mir!
Auch hätt' ich – sagen Sies der Leitung! –
Den Schwan gern mit Musikbegleitung! –

Was weiter war – und wies gewesen,
bitt ich bei Wagner nachzulesen!

Heinz Erhardt

Woher der Schwan kommt

Keine Einleitung

Die Frage, woher das weiße Federtier denn stamme, nämlich aus der »Schwan-Zentrale« in der »Näh vom Grale«, scheint Heinz Erhardt auf der vorherigen Seite schon beantwortet zu haben. Und dass man das Weitere bei Wagner(-Trenkwitz) nachlesen solle, wird ebenfalls empfohlen. Doch erlauben Sie mir, etwas weiter auszuholen und Ihnen einen Blick in die Seelentiefen eines (Gelegenheits-)Autors zu eröffnen.

Die Herausgabe eines Buches endet jedes Mal mit der erschütternden Einsicht, dass außer einigen Bekannten und Verwandten eigentlich niemand das Meisterwerk gelesen hat – wenn man nicht gerade Dan Brown heißt oder einem das ultimative Ayurveda-Kochbuch der Wellness-Astrologie aus der Feder geflossen ist. Knapp vor der Drucklegung hat sich noch schnell – denn es muss alles schnell gehen bei diesen Werken für die Ewigkeit – die alte Einsicht bestätigt, dass die Arbeit am Buch so richtig beginnt, wenn man glaubt, sie sei zu Ende: Fehler suchen und nie alle finden, Bildtexte improvisieren und Bildnachweise schummeln, ein Register zusammenknöpfeln …

Und noch ein wenig davor steht eine fundamental-philosophische Frage: Wie nennt man jene Text-Ouvertüre, die ganz am Schluss geschrieben, aber ganz an den Anfang des Meisterwerkes gestellt wird, die leichtfüßig Lust machen soll auf das Folgende (das, siehe oben, ohnehin kaum gelesen wird)?

Vorwort oder Vorbemerkung? Klingt nach einem Abriss der Kriminalsoziologie.

– 9 –

Woher der Schwan kommt

Zum Geleit? Ja, aber wohin?

Einführung, Einleitung oder Einbegleitung? Man kommt sich vor wie beim Scrabble, wo man entweder die Buchstaben oder den Platz dafür hat.

Ich habe mich für eine andere Überschrift entschieden, die das Geheimnis des Generaltitels lüftet. Der besagte Schwan stammt natürlich nicht aus Heinz Erhardts »Schwan-Zentrale« (ein Wort, das man unbedingt mit Bindestrich schreiben muss, da sich sonst entwürdigende Abteilungsfehler à la »Schwanzen-trale« ergeben könnten, ebenso wie die Kinder-Pop-Oper, die ehe man sich's versieht, zur »Kinderpopo-per« wird).

Nein, er stammt aus einer der unsterblichen Anekdoten, die sich um Kammersänger Leo Slezak ranken. Als ein übereifriger Bühnenarbeiter im Schlussbild des »Lohengrin« das tierische Gefährt zu früh wegzog, blieb Slezak mit verwundertem Gesichtsausdruck auf der Bühne übrig und fragte, für Kollegen und Publikum gut vernehmlich: »Wann geht der nächste Schwan?«

In der Saison 2006/07 gestaltete ich an der Wiener Volksoper unter dem Titel »Mein lieber Schwan!« einen Abend mit Opernparodien. Wegen des großen Erfolges wurde auch in der folgenden Spielzeit ein solcher Abend mit leicht verändertem Programm angesetzt, dem ich den Namen »Schon geht der nächste Schwan!« gab.

Die rührige Leiterin des Amalthea Verlages, Brigitte Sinhuber, rief mich an mit dem verführerischen Vorschlag, ein Buch mit Theateranekdoten unter diesem Titel zu schreiben. Eine »Opern-Tante-Jolesch« müsste es werden, launige Anekdoten, »Erlebtes – Erfahrenes – Erfundenes« aus immerhin einem Vierteljahrhundert eigener Theater- und Opernarbeit sollte es beinhalten. Ein paar bereits publizierte oder vorgetragene eigene Texte – die dem Anspruch, unterhaltsam zu sein, hoffentlich genügen – sind unterwegs ebenfalls eingeflossen.

Keine Einleitung

Auf manche – aber wirklich nur manche – Geschichte musste ich verzichten, da sie selbst ohne Namensnennung die Peinlichkeitsgrenze (oder auch die sensible Baumgrenze des Jugendschutzes) weit übertreten hätte. Ich halte es aber keineswegs mit dem salomonischen Ausspruch des Sacher-Portiers, der einmal zu mir sagte: »Was Sie interessiert, kann ich Ihnen nicht erzählen, und was ich Ihnen erzählen kann, interessiert Sie nicht.« Ein gerüttelt Maß an Indiskretion muss schon sein, wenn man mit wahren (oder gut erfundenen!) Geschichten unterhalten möchte. Friedrich Torberg selig hatte es da leichter, da seine handelnden Personen zumeist schon tot waren, als er sie be-anekdotete ...

Allerdings graute mir vor der Aussicht, in die mächtigen Fußstapfen eines Friedrich Torberg zu treten und darin womöglich vollends zu verschwinden. Also sollte mir lieber der Schwanenritter Leo Slezak als Leitbild dienen; der war zwar als Sänger und Fresser ein Gigant, als Schriftsteller aber ein eher bezwingbarer Gipfel. Also forschte ich in der gut sortierten elterlichen Bibliothek nach seinem berühmten Buch »Wann geht der nächste Schwan?« – kennt doch jeder, dieses berühmte Buch von Leo Slezak ... oder?

Mein Vater runzelte die Stirne und meinte: »Slezak hat drei Bücher geschrieben. ›Meine gesammelten Werke‹ und ›Der Wortbruch‹ sowie ›Mein Lebensmärchen‹. Mehr nicht.« Ich wusste es natürlich besser und wandte mich an die Buchhandlung meines Vertrauens. Der Band war unauffindbar. Eines Tages drückte mir die Verkäuferin meines Vertrauens ein antiquarisches Exemplar in die Hand: »Wann geht der nächste Schwan?«, die Lebenserinnerungen des ... Sänger-Sohnes *Walter* Slezak. Ich kaufte und verschlang es freudvoll. Darin findet sich u. a. einer der schönsten Aussprüche von Vater Slezak, der mir bis dahin unbekannt war. So soll der gewichtige Kammersänger nach üppigem, mehrgängigem Mahl regelmäßig folgendes Stoßgebet zum Himmel gesandt haben: »Herr, schenke mir einen zweiten Magen, ich gebe Dir meinen Bauch dafür!«

Wenn Leo Slezaks Anekdotensammlung, die es gar nicht gibt, so bekannt werden konnte, dann würde mein Buch vielleicht auch ein Erfolg werden, so dachte ich. Vielleicht würde es dem bekannten Gourmet-Kritiker Christoph Wagner zugeschrieben werden, aber was kümmerte mich das, wenn ich die überreich fließenden Tantiemen (das sind die Alimente, die man erhält, wenn man unter Schmerzen ein Buch in die Welt setzt) einstreifen durfte.

Einmal geschah es übrigens genau umgekehrt: Ich erhielt die fürstliche Abrechnung von einem Verlag, bei dem ich ein bislang dahin tümpelndes Werkchen geschrieben hatte. Ohne mich oder andere viel zu fragen, warum dieses Buch plötzlich den Verkaufsplafond durchschlagen hatte, erwarb ich für einen Großteil der überraschenden Summe ein Schmuckstück für meine damalige Gemahlin (also meine Damahlin). Die Freude war eine allseitige, bis mich ein Anruf des Verlagsleiters auf den Boden der ökonomischen Realität zurückholte: Wie ich denn dazu käme, die irrtümliche Überweisung von *Christoph Wagners* Tantiemen widerspruchslos hinzunehmen? Kurzum, ich musste das schöne (und in meiner Tasche gar nicht mehr vorhandene) Geld zurück überweisen. Der Ring blieb übrigens, durchaus zu Recht, am damahligen Finger …

Diesmal werde ich vorsichtiger sein. Keine vorschnellen Schmuckstücke, genaues Kontrollieren der auf der Abrechnung angeführten Buchtitel. Wenn dort etwa aufscheint: »Wie esse ich ein paar Würschtel und danach einen Apfelstrudel«, rühre ich keinen Cent an. Unmissverständlich hat auf dem Blatt zu stehen: »Schon geht der nächste Schwan!«

Keine Einleitung

Da geht er hin, mögen viele Leserinnen und Leser sein anmutiges Watscheln freudig verfolgen!

Christoph Wagner-Trenkwitz
Wien, im Juli 2009

Ein Wort noch zur Titelillustration. Welch müder Schwan, so werden Sie sich vielleicht fragen, ist denn da an der Direktionsloge der Staatsoper vorbeigezogen, dass sich deren Insassen dermaßen gelangweilt haben? Kein Schwan, schon gar kein müder, ist erschienen. Vielmehr erklang der bewegende langsame Satz einer Mahler-Symphonie, und keiner von uns hat sich gelangweilt. Vielmehr erkennen Sie beim genauen Hinsehen, welch innere Rührung die scheinbar Dahindösenden erfüllt: ganz rechts, also in pole position, Marcel Prawy, der sich nicht besser konzentrieren konnte als in dieser Haltung; links von ihm der Regieassistent Werner Lahnsteiner, der seine intensive Befassung sogar durch Partitur-Schmökern belegen kann; dann der Bühnenmusikdirigent Maksimilijan Cencic, von Berufs wegen ergriffen; ich imitiere wie des öfteren Prawy, nur halb glaubwürdig dank halb geöffneter Augen, und da ich Linkshänder bin, stütze ich mich im Gegensatz zu ihm in die rechte Hand; hinter mir Irina Kubadinow, damalige Leiterin des Staatsopern-Pressebüros, neben mir Direktionsmitarbeiterin Angelika Csillag; und neben ihr die Scheinschläferin Elisabeth Sobotka, damals Chefdisponentin. Sie hat vielleicht wirklich ein Nickerchen gemacht, denn heute ist Elisabeth Intendantin der Grazer Oper – und das werden nur ganz Ausgeschlafene!

– 13 –

»Ich weiß, ich bin nicht Rudolph Valentino«

Von der Kunst des Dirigierens

Ich mag Robert Löffler alias Telemax – und das nicht nur, weil er mich mag. Im Jänner 2009 erschien eine Kolumne, in der er mir wieder viel Freundliches mitgeteilt, schließlich allerdings der Ehre zu viel angetan hat. Beginnen wir mit dem Abdruck der Freundlichkeiten, dann erst werde ich die unverdiente Ehre in aller Form zurückweisen.

»Ihr Tmx schätzt am Opernball vor allem die beiden kommentierenden Barone Karl H. und Christoph W.-Tr.«

Das ist schon einmal ein guter Beginn. Vor allem, weil er meinen lieben Freund Karl Hohenlohe unsäglich geärgert haben muss. Ich in den Adelsstand erhoben und er, ein waschechter Fürst, zum Baron degradiert …

»Diese beiden Kommentatoren, sage ich immer, haben mehr kultivierte Ironie als die meisten Gäste des Opernballs.«

Kunststück: Kultivierte Menschen fallen bei der Übertragung des Balls kaum auf. Und Ironie hat man einfach leichter, wenn man unsichtbar bleibt. Lotte Tobisch hat zum Personal des Opernballs einmal richtig bemerkt: »Fünftausend feine Leute gibt es auf der ganzen Welt nicht.«

– 14 –

Von der Kunst des Dirigierens

An diesem Abend dirigierte Plácido Domingo doch nicht. Wegen des im Hintergrund erkennbaren Unwetters stellten wir (Philharmoniker-Vorstand Clemens Hellsberg, ich mit Mikrofon, Domingo mit Villazón) uns wie ein Männergesangsverein auf, um die Absage des »Konzertes für Österreich« zu verkünden. Im Vordergrund der wichtigste Mann, ORF-Inspizient Michi Gromes. Nachdem die Kameras abgeschaltet waren, intonierten Tenordirigent und Tenor übrigens: »I'm singing in the rain.«

Doch nähern wir uns der unverdienten Ehre. Zu verdanken habe ich sie einer Absonderung, die ich zum Thema »Neujahrsvorsätze« in die Kamera getätigt habe:

»Nun feuerte Herr W.-Tr. in den ›Seitenblicken‹ folgenden Spaß ab: ›Ich habe mir schon lange vorgenommen, das Neujahrskonzert zu dirigieren. Aber es ist ein Vorsatz, ich kann alle Fernsehteilnehmer beruhigen, der wieder nicht in die Tat umgesetzt wird.‹

– 15 –

»*Ich weiß, ich bin nicht Rudolph Valentino*«

Liebe Leute, das hört sich wie ein Kalauer an, ich vertiefe aber den Fall. Wie viele Käufer einer CD würden, wenn man das Gesicht des Herbert von Karajan als Cover nähme, beim Hören erkennen, dass gar nicht Karajan dirigiert, sondern W.-Tr.?

Die Philharmoniker unter W.-Tr. würden nämlich nur um jene Nuancen anders spielen, die das durchschnittliche Laienohr gar nicht fassen kann.

Liebe Leute, wer weiß, was da nicht schon alles manipuliert wurde! Weil etwa der Orchesterdiener, der die Tonbänder trägt, mit denselben in den Brunnen gefallen ist. Wer wüsste, ob W.-Tr. nicht insgeheim schon dirigieren musste?

Wenn in einigen Jahrzehnten seine Memoiren erscheinen, wird man's wissen ...«

Es sind zwar nicht meine Memoiren, die Sie in Händen halten, aber ich will das Geheimnis hier und jetzt lüften: Ich habe noch nie dirigiert, werde es wohl auch nie tun – und das deshalb, weil ein jeder den Unterschied zwischen mir und einem auch nur mittelbegabten Kapellmeister merken würde. (Naja, vielleicht nicht jeder. Es gibt da ein paar Journalisten ... aber der liebe Telemax-Löffler zählt sicher nicht dazu!)

Barenboim: Handtuch ...

Zum Beispiel das erwähnte Neujahrskonzert: Einige Tage vor Erscheinen der Telemax-Kolumne hatte ich die Freude, dieses Ereignis erstmals für das Radio zu kommentieren. Gegen Ende der Übertragung, als meine Spannung schon etwas nachließ und die Zunge lax wurde, sprach ich: »Die Wiener Philharmoniker verabschießen, äh ... verabschließen, ähem, verabschieden sich nun mit dem

Radetzky-Marsch ...« Immerhin nur drei Anläufe, ist doch gar nicht so schlecht. Beim Dirigieren hat man jeweils nur eine Chance.

Das Hauptereignis waren allerdings weder mein Versprecher noch die einigermaßen funktionierenden Sätze davor, sondern, Ehre wem Ehre gebührt, das Orchester unter dem Neujahrs-debütanten Daniel Barenboim.

Ich hatte die Freude, als Mäuschen bei den Proben anwesend zu sein. Was Barenboim über die große Unterhaltungsmusik der Strauß-Dynastie vermittelte, bewies wieder einmal die Vermutung, dass die Wiener Philharmoniker zwar unter jedem Dirigenten (außer unter mir, der ich keiner bin!) diese wohl vertraute Musik gut spielen, aber von den Großen immer noch kostbare Impulse empfangen können. »Die Sechzehntel pflegen!«, rief Barenboim etwa dem Orchester zu – und seine Anmerkungen, Anregungen, Anfeuerungen wurden augenblicklich umgesetzt.

Bei einer Probe hatte ich die Chance, aus dem Zuhörerdasein herauszutreten und mir unvergängliche Verdienste um das Neujahrskonzert zu erwerben. Ich beobachtete, wie der echauffierte Barenboim immer schweißüberströmter dirigierte und versuchte, sich mit Handrücken und Hemdsärmeln einigermaßen trocken zu halten. Ich fasste mir ein Herz, lief in seine Garderobe und kehrte mit einem Handtuch zurück. Der Maestro blickte einen Moment sehr dankbar und meinte dann: »Wenn Sie mich schon so verwöhnen, können Sie mir auch ein großes Glas Wasser bringen?« Ich tat es natürlich und fühlte mich für eine unangenehme Episode vom Juni 1995 rehabilitiert.

... statt Zigarren

Damals hatte Barenboim an der Wiener Staatsoper »Die Walküre« neu einstudiert, ein internationales Star-Ensemble war mit-

gekommen: Plácido Domingo, Waltraud Meier, Falk Struckmann, René Pape ... Bei der Feier zur triumphalen Premiere
schnippte mich Staatsoperndirektor Holender zu sich (Sie haben
richtig gelesen, er ruft oder winkt nicht nach seinen Mitarbeitern,
er schnippt) und meinte zu mir: »Der Barenboim hat seine Zigarren im Dirigentenzimmer vergessen. Holen Sie sie.« Nachsatz: »Das ist der Höhepunkt Ihrer Karriere.«

Ich eilte – meiner Verantwortung durchaus bewusst – ins ...
falsche Zimmer. Mit leeren Händen kehrte ich zur Feier zurück.
Das war vielleicht nicht der Tiefpunkt meiner Karriere, aber gewiss auch nicht ihr Höhepunkt. Immerhin: Mit Handtuch und
Wasser (die ohnehin viel gesünder sind als dicke Zigarren) habe
ich den Fleck auf meinem Lebenslauf Ende Dezember 2008
nachhaltig abgewischt.

Dazu passt eine Anekdote aus dem Pariser Théâtre des
Champs-Elysées, die ich dem designierten Staatsoperndirektor
Dominique Meyer (das ist übrigens einer, der sicher nicht
schnippt) verdanke. Zubin Mehta leitete ein Konzert mit einem
Brahms-Klavierkonzert und einer Symphonischen Dichtung von
Richard Strauss. Barenboim war der Solist im ersten Teil, wäh-
rend er den zweiten mit Sohn und Partitur im Publikum verfolg-
te. Im Schlussapplaus eilte er hinter die Bühne, schnappte sich
ein Glas Wasser und erwartete, mit einer Serviette über dem
Arm, wie ein dienstfertiger Kellner den Maestro Mehta – der die
Erfrischung dringend nötig hatte.

Riccardo Muti probt »Figaro«

Den Titel dieses Dirigenten-Kapitels verdanke ich jedoch weder
Daniel Barenboim noch Zubin Mehta, sondern Riccardo Muti.
Eine Anekdote, die Muti und Barenboim verbindet, ist (wie die

besten Anekdoten überhaupt) unbelegt: Als Muti für die Salzburger Festspiele Mozarts »Zauberflöte« vorbereitete, fragte er den Kollegen, ob er ihm einen Rat geben könnte. Barenboim (die Unterhaltung wurde auf Italienisch geführt) soll geantwortet haben: »Lerne Deutsch!«

Im vertrauten Italienisch erklang »Le nozze di Figaro« unter Mutis Leitung im Oktober 1993 an der Wiener Staatsoper. Ich schlich mich in eine Orchesterprobe ein, wohl wissend, dass es Direktor Holender nicht gerne sah, wenn mein Arbeitsplatz Pressebüro verwaist war. Doch die Wonne, Mutis Probenarbeit mitzuerleben, tilgte die Angst vor dem Direktor. Und es belohnte mich ein nicht minder wonniger Ausspruch des italienischen Maestro, der stets darauf bedacht ist, dass die Sänger ihn im Auge behalten – nicht eben zur Freude aller Regisseure. Als die Akteure (darunter Bryn Terfel, William Shimell und Adrianne Pieczonka) sich szenisch gerade gefährlich zueinander entwickelten, unterbrach Riccardo Muti und richtete folgende feierliche Worte an die Sänger: »I know I am not Rodolfo Valentino. But please, give me the impression I'm being paid for something; look at me!« (»Ich weiß, ich bin nicht Rudolph Valentino. Aber bitte, gebt mir das Gefühl, dass ich zu Recht bezahlt werde; schaut mich an!«)

»Muti dirigiert das auch!«

Nur äußerlich scheint der Dirigent Zubin Mehta weniger ernsthaft als Riccardo Muti. Der indische Pultstar (dessen Reisepass die Dicke eines mittleren Taschenbuches hat, weil Inder offenbar auf der ganzen Welt Visa benötigen) kann um nichts weniger streng sein, jedoch umweht ihn zumeist die souveräne Jovialität eines (relativ schlanken!) Buddhas.

– 19 –

» Ich weiß, ich bin nicht Rudolph Valentino «

Zu derselben Zeit, als Muti den »Figaro« einstudierte, leitete
Mehta an der Wiener Staatsoper eine – nicht durch seine Schuld
nur mäßig erfolgreiche – Neuproduktion von Verdis »Trovatore«.
Auf meine Frage, was seine und Mutis »Trovatore«-Interpreta-
tion unterscheidet, erwartete ich mir eine ausladende, musikolo-
gisch fundierte Antwort. Doch Mehta schlug einfach die letzte
Seite seiner Partitur auf. In delikater Anspielung auf Mutis fana-
tische Texttreue, die nicht notierte hohe Noten ebenso wie Aus-
lassungen verabscheut, meinte der Inder lächelnd, indem er auf
die Worte »Fine dell'opera« tippte: »Muti dirigiert das auch!«

Wer übrigens wissen möchte, was scharfes Essen bedeutet, der
möge sich auf Zubin Mehtas Fersen heften. Dann landet man
entweder bei Aki Nuredinis Trattoria »Sole« oder in Sushil
Vadheras nicht minder feinem indischen Restaurant »Shalimar«.
Man bestelle dort einfach das gleiche wie Zubin Mehta. Und
während sich die europäische Zunge in Krämpfen kringelt, mag
man aus tränenden Augen beobachten, wie der Maestro zusätz-
lich aus seinem privaten silbernen Giftdöschen grünes Chili-
pulver über das Menü ausschüttet …

Bei den später folgenden Sängeranekdoten wird Zubin Mehta
auch noch ein Wörtchen mitzureden haben. Einer seiner Darbietungen in der Staatsoper verdanken wir übrigens das dekora-
tive Titelbild dieses Bandes, das ich bereits in der Einleitung (die
keine ist) näher erläutert habe. Zum Zeitpunkt dieses Titel-
schnappschusses befand ich mich in der Direktionsloge (von
Direktor Holender auch »Vorstandsloge« genannt, was jedenfalls
zutrifft, wenn er selbst dort mit verkreuzten Armen auftritt, um
der Vorstellung vorzustehen) der Staatsoper. An jenem Abend
und ein paar Mal sonst habe ich dortselbst auch Tränen vergos-
sen. Die heißesten an einem Abend im März 1994, über den nun
berichtet wird.

Von der Kunst des Dirigierens

Carlos, der Unberührbare

März 1994: Einer der Allergrößten wurde an der Staatsoper erwartet. Vielleicht der größte Musiker, den ich von der Nähe erlebt habe. Sein Name schon klang wie ein unendlich leiser Donner: Carlos Kleiber. Die Geschichten über seine Sensibilität, seine Abreisebereitschaft, seine Zurückgezogenheit eilten ihm voraus. Er verließ, so hieß es, sein Haus nur in Richtung Dirigentenpult, wenn der Eiskasten leer war. Und als sein gutes altes Auto den Dienst aufgab, wagte er sich hervor, um für die Firma Audi ein Konzert zu dirigieren – schon war er stolzer Besitzer einer neuen Karosse.

Seine beiden Neujahrskonzerte verfolgte ich vor dem Fernsehapparat (warum wird dieses Gerät im Volksmund eigentlich als »Fernseher« bezeichnet? Der Seher bin doch ich, das bewusste Gerät, das meine Liebste als »teppertes Kastl« bezeichnet, ist der oder das Gesehene!). Und ich verfolgte sie im Stehen, da es mich auf dem Sessel nicht halten wollte. Ob »Libelle« oder »Zigeunerbaron«-Ouvertüre – selten habe ich ähnlich Mitreißendes erlebt. Bei Kleiber hatte man nie das Gefühl der Reproduktion; vielmehr schien die Musik aus ihm selbst zu kommen, mit all den Leiden, die ein Schöpfer durchzumachen hat. Man ist versucht, ihn »Genie« zu nennen; das unbewiesene Gerücht, er sei eigentlich der Sohn von Alban Berg, wird erhärtet durch dieses schöpferische Leiden – und durch enorme physiognomische Ähnlichkeit.

Die Staatsoper betrat Kleiber nach mehrjähriger Abwesenheit wieder im Hinblick auf drei gut bezahlte »Rosenkavalier«-Vorstellungen, die aber nur eine Fingerübung für sechs sensationell bezahlte »Rosenkavalier«-Vorstellungen beim Japan-Gastspiel im Herbst 1994 darstellten.

Kleiber, so wusste man im Voraus, mochte die Welt nicht gerne, und am wenigsten mochte er, was sich in der Welt verändert hatte. Er »konnte« mit Leuten, die er kannte. Neue akzeptierte er nicht. Darum hatte man allen Neuen angeraten, sich in ihre Büros zurückzuziehen, wenn der Meister nahte. Besonders mir, der ich damals das zum Pressebüro umgewidmete alte Dirigentenzimmer besetzt hielt und überhaupt besonders neu war. Als Kleiber den Fuß wieder ins Gebäude setzte, war man gespannt; als er im dritten Stock anlangte, schlug ich dank angeborener Neugierde die guten Ratschläge keck in den Wind, erschien in der Tür meines Büros und sprach die Legende beherzt an: »Ich hoffe, Meister, es macht Ihnen nichts aus, dass ich in Ihrem alten Zimmer logiere.« Eine Hundertstelsekunde verweilte ein Blick durch dicke Brillengläser auf mir, dann wandte sich Kleiber ab und sagte, kaum hörbar: »Doch.«

Ich war überzeugt, dass der Gigant jetzt abreisen würde, zog mich in Zeitlupe ins Büro zurück und harrte meiner Enthauptung und anschließenden Kündigung.

Doch Kleiber blieb.

Leise, leise ...

Es waren die leisesten Wochen, die ich an der Staatsoper erlebt habe. Direktor Holender, sonst ein Mann der lauten Auftritte, die sich fallweise zu pädagogisch wirksamen Schreikrämpfen steigern konnten, schnurrte die ganze Anwesenheitszeit Kleibers hindurch wie ein Kätzchen; auch er fürchtete, den leisen Maestro durch übertriebene Lautstärke in die Flucht zu schlagen.

Der Tag der Premiere kam. Kleiber, im Alltag angezogen wie ein Notstandshilfeempfänger (Marcel Prawy wirkte neben ihm wie ein Modegeck), hatte den Frack angelegt, die Staatsoper war zu 101% ausgelastet, weil sich unter, über und neben den TV-Kameras zusätzliche Stühle eingenistet hatten. Niemand wollte sich den historischen Abend entgehen lassen. Auch mein amerikanischer Freund Jerry Rosen nicht, der unbekümmert meinte: »Ich komme zur Kassa, vielleicht krieg ich noch eine Karte.« Ich bedeutete ihm, das sei mehr als ausgeschlossen – aber wirklich, etwa 80 Sekunden vor Vorstellungsbeginn entschied der bei der Kassa patrouillierende Ioan Holender, die nicht abgeholte Dienstkarte eines Nebendarstellers in den Verkauf zu werfen. Die Karte traf Jerry, wir knöpfelten mit vereinten Kräften unser Geld auf den Tresen, Holenders aufmerksame Blicke wanderten wie bei einem Mini-Tennisturnier den Scheinen und der Eintrittskarte nach.

Da blieb kein Auge tränenleer

Den ersten Akt »Rosenkavalier« verlebte ich in der dritten oder vierten Reihe der vollbesetzten Direktionsloge. Zwischen den bewegungslos verharrenden Menschenkörpern konnte ich immer wieder Kleibers ausladende und doch sparsame Bewegungen erkennen. Bald schien er einen Vogelflug nachzuzeichnen, bald perlten seine Finger dem Orchester Sechzehntelnoten vor. Über allem waltete der Bann metaphysischen Musizierens, so als würde in diesem Augenblick die »Rosenkavalier«-Partitur erstmals im Kopf des Dirigenten aufblitzen und durch seine Blicke, Hände, Arme dem ganzen Ensemble vermittelt werden. Gegen Ende des Aktes wurde ganz rechts plötzlich ein Stuhl frei, den ich mit lautlosen Bewegungen einnahm. »Das da trag ...«, sang Felicity Lott und hielt dem kleinen Mohren die silberne Rose hin, »... weißt ja nicht wohin.« Schon bis dahin hatte ich vor Rührung mit allen möglichen physischen Grenzzuständen zu kämpfen; bei diesen Worten aber quoll eine Tränenflut aus meinen Augen, die sich nicht mehr eindämmen ließ, bis der Akt zu Ende war. Nach ein paar Sekunden glücklichen Schweigens brach tobender Applaus los, die Saallichter gingen langsam an, und ich dachte: »Na fein, ein verheulter Pressereferent sitzt in der ersten Reihe, wie blamabel.« Als ich mich in der Loge umblickte, bemerkte ich, dass alle rotfeuchte Augen hatten. Ich musste mich des Wunders nicht schämen, das über uns alle gekommen war. Wir hatten eine kollektive »Heulstelle« erlebt – was das ist, erklärt sich übrigens im Kapitel über Marcel Prawy, von dem auch der treffende Begriff stammt.

Im zweiten Akt »Rosenkavalier« begab sich dann eine Grenzerfahrungs-Sekunde der anderen Art. Der Choreinsatz »Wart, i' hau' di' z'samm …« wackelte so gewaltig, dass Orchester und Chorherren für mehrere Augenblicke (und das kann in der Musik eine lange Zeit sein) auseinander gerieten. Ich verbrachte den Schreckmoment zufällig im Büro des Direktors. Mit einem ungläubigen Blick auf den Bildschirm sprach er, scheinbar die Ruhe selbst: »Na also, jetzt reist er ab.« In der Pause wurde der Chordirektor zu Kleiber gerufen – der arme Mann fühlte sein letztes Stündlein eingetreten. Aber Kleiber wollte sich nur entschuldigen und besprechen, wie man solche Pannen vermeiden könnte; bei der zweiten Vorstellung passierte der Fast-Schmiss jedenfalls wieder!

Nehmen wir das Apropos Kleiber zum Anlass, ein paar weitere verstorbene Dirigentenlegenden und ihre Anekdotenwelt aufzusuchen.

Klemperer trifft Bach

Otto Klemperer ist ein Born von Anekdoten, von denen einige, die seine Abneigung gegen den Bariton Dietrich Fischer-

Von der Kunst des Dirigierens

Dieskau behandeln (dem er in der persönlichen Anrede auch immer den zweiten Namen verweigerte – »Fischer« musste genügen), bereits überaus populär sind.

Bei den Proben zu Bachs Matthäuspassion litt Fischer-Dieskau unter den breiten Tempi des Meisters und verpackte seine Kritik in eine humorvolle Traumerzählung: »Herr Professor, letzte Nacht ist mir Johann Sebastian Bach im Traum erschienen; er meinte, Ihre Tempi bei der Matthäuspassion seien viel zu langsam!« Klemperer nickte abwesend und zeigte keine weitere Reaktion. Ein paar Tage später kam er auf den Bariton zu und meinte verschwörerisch: »Fischer, letzte Nacht ist auch mir Bach im Traum erschienen. Er sagt, er kennt Sie gar nicht!«

Ebenfalls nicht neu (aber so gut, dass wahrscheinlich frei erfunden) ist die Begegnung Klemperers mit Fischer-Dieskau, bei dem Letzterer dem bejahrten Pultgiganten anvertraute, dass er demnächst sein erstes Brahms-Requiem dirigiere. »Es wäre mir eine Ehre, wenn Sie kommen würden, Herr Klemperer«, setzte Fischer-Dieskau ehrfurchtsvoll hinzu und nannte das genaue Datum. Der Angesprochene überlegte kurz, in Gedanken einen imaginären Kalender durchblätternd. Schließlich stieß Klemperer im Gehirn auf den in Frage stehenden Termin und meinte bedauernd: »Leider, Herr Fischer, da kann ich nicht, da singe ich meine erste ›Winterreise‹.«

Vielleicht noch weniger bekannt ist der Vorfall in einer Probe zur Matthäuspassion, bei der sich Fischer-Dieskau selbstvergessen als Jesus im Heiligenschein der Streicher wiegte. Plötzlich brach Klemperer überraschend ab und meinte jovial: »Fischer, Sie sind ja ein Tenor-Buffo! Sie sollten einmal den Eisenstein versuchen!«

– 25 –

Klemperer sucht ein Taxi

Übergroßer Respekt war Klemperers Sache nicht; Wieland Wagner fragte er beim Kennenlernen unverblümt: »Na, wie war's auf Hitlers Schoß?«

Einmal wollte er wissen, ob der Dirigent Rennert eigentlich mit dem gleichnamigen Regisseur verwandt sei. Er erfuhr: »Ja, das ist der Bruder.« Klemperers Reaktion: »Arme Eltern!«

Folgende wahre Geschichte (die hoffentlich noch nicht zu den allzu bekannten zählt) hat sich in Israel zugetragen, und es muss erinnert werden, dass Klemperer selbst Jude war, der sich aber dieser Religion nicht zugehörig fühlte. Man gemahnte ihn, dass die Probe am Freitag etwas früher schließen musste, damit die Orchestermitglieder rechtzeitig zu Sabbath-Beginn abends zu Hause wären. Klemperer bejahte, schloss auch früher, blieb aber im Theater und vergaß sich im Partiturstudium. Als er bei kompletter Dunkelheit hinaus trat und sich umblickte, waren die Straßen menschenleer. Klemperer, noch immer nicht der begonnenen Sabbath-Ruhe gewärtig, rief immer ungeduldiger nach einem Taxi. Endlich fiel ihm die Warnung ein, und so schrie Klemperer in die Nacht: »Gibt's hier nur Juden?«

»Parsifal«, in New York ...

Dies erinnert an eine andere Geschichte, die zwar nicht zu den Dirigentenanekdoten zählt, aber ebenfalls vor einem Theater inmitten der Nacht spielt:

Die erste szenische Aufführung des »Parsifal« außerhalb Bayreuths fand am 24. Dezember 1903 ohne Genehmigung Cosima Wagners an der Metropolitan Opera in New York statt. Doch nicht vom Zorn der Wagner-Witwe soll hier erzählt werden, son-

dern von der Ratlosigkeit zweier Herren. Da der Vorstellungsbeginn viel zu spät angesetzt war, traten lange nach Mitternacht
besagte Herren in die Sternennacht von Manhattan und einer
fragte den anderen: »Ist Roosevelt noch Präsident?«

... und in Wien

Immer noch nicht hierher passend, apropos »Parsifal«, meine
Erinnerungen an einen ungewöhnlich warmen Gründonnerstag.
Des Morgens hatte mich eine ältere Dame am Telefon befragt –
ich war noch im Staatsopern-Pressebüro tätig –, was ich ihr für
das kommende Osterwochenende empfehlen würde: Den Besuch des Hochamtes im Stephansdom oder den nachmittägli-
chen »Parsifal«. Ich stellte es ihr frei, mit dem Hinweis, dass sich
beides nacheinander ausginge, und nahm die erleuchtende Erkenntnis mit, dass sich in den Herzen musischer Katholiken wohl
beide Verrichtungen – Mess- wie Opernbesuch – zum Nachlass
der Sünden eigneten. Und wer sich an August Everdings »Parsifal«-Inszenierung mit dem mächtig auffahrenden Kruzifix erinnert, der wird dies wohl bestätigen.

(Wenn Sie die folgende parsifaleske Parade-Anekdote bereits
kennen, dann vergeben Sie diesen Klammer-Exkurs, ansonsten
mögen Sie Freude damit haben: In einem Eisenbahnwaggon sitzen ein wohlbeleibter Herr in den zweitbesten Jahren und eine
sehr junge Frau. Der Wohlbeleibte kommt klingenden Organs
mit der Jungen ins Gespräch, vertraut ihr an, er sei Opernsänger,
setzt hinzu: »Haben Sie schon meinen Gurnemanz gesehen?«
Darauf rückt die Frau mit einem spitzen Schrei weg: »Einen
Knopf wenn's aufmachen!« Das gehörte jetzt schon wieder nicht
ins Dirigentenkapitel, aber immerhin führt uns das Stichwort
»Gurnemanz« wieder etwas näher ans Thema heran.)

An jenem Abend besuchte ich dann selbst die Aufführung, bei der hohe Raumtemperaturen zwei Opfer forderten. Just bei den Worten des Gurnemanz »Dann brach ein Unglück wohl herein« ertönte ein lautes Gepolter vom Stehplatz – ein Herr war, wie auf Stichwort, ohnmächtig zusammengebrochen. Damit nicht genug, verschwand auch noch ein anderer Herr auf Nimmerwiedersehen von der Bühne. Der erste Aufzug neigte sich dem Ende zu, Parsifal (Siegfried Jerusalem) nahm Aufstellung, um sich von Gurnemanz (Philipp Kang) fragen zu lassen: »Weißt du, was du sahst?« … Aber der priesterliche Frager erschien nicht. Jerusalem blickte sich ratlos um, und als die Stelle wortlos verstrichen war, verließ er mit gar nicht weihevollem Achselzucken die Bühne.

Der Dirigent der Aufführung, Horst Stein, soll nach dem Schlusstakt des Aufzuges wie von der Tarantel gestochen auf den Herrensologang gerannt sein und gebrüllt haben: »Wo ist dieser Scheiß-Chinese?« Der koreanische Bassist hatte seinen Auftritt in der Kantine verpasst und war voll der Reue (es blieb übrigens sein einziger Gurnemanz an der Staatsoper). Was mich an der Geschichte am meisten verwundert, ist, dass Horst Stein die fehlenden Takte nicht selbst intoniert hat. Wer jemals erlebte, wie Stein etwa dem Kammersänger Hans Beirer vokal beigesprungen ist, der weiß, dass der Dirigent auch ein imposanter Sänger war. Und schon – so ein glücklicher Zufall – sind wir wieder beim Thema Dirigenten!

»Kna«, herzlos – Arturo, körperlos

Und bei den Pultlegenden. Der Dirigent Hans Knappertsbusch, von Eingeweihten »Kna« genannt, äußerte einmal in einer Gesellschaft, die Oper »Das Herz« von Hans Pfitzner sollte eigentlich »Der Darm« heißen. »Weswegen, Meister?«, wollte sein Gesprächspartner wissen. Kna: »Wegen des Inhalts.«

Der gefürchtete Arturo Toscanini war ein Freund schöner Frauen, in seiner Arbeit aber unbestechlich. Auf einer Probe schimpfte er eine Sopranistin zusammen, die er auch privat traf. Sie beklagte sich: »Aber, Arturo, wie kannst du nur …«, worauf Toscanini sie barsch unterbrach: »Im Bett: Arturo – in der Arbeit: Maestro!«

Meine Schwester trotzt den Giganten

Meine Schwester Daniela Wagner ist Mitglied des Staatsopernchores und bekleidete für einige Jahre das Amt der »Präsidentin der Konzertvereinigung«. Doch auch vor- und nachher war und ist sie keineswegs auf den Mund gefallen und trat bisweilen in die erste Reihe, wenn es darum ging, einem Dirigenten oder Regisseur Paroli zu bieten. Zwei der allergrößten, Sir Georg Solti und Herbert von Karajan, behielten allerdings – obwohl nicht ganz im Recht – das letzte Wort.

Bei den Salzburger Festspielen probte der hoch betagte, aber immer noch energiestrotzende Solti Beethovens »Fidelio«. Einen heiklen Einsatz vermochte der Chor nicht »direkt abzunehmen« – das bedeutet, dass ein Kunstgriff der Regie das Kollektiv ohne Sicht auf den Dirigenten postiert hat. Sir Georg war verstimmt und tobte: »Chor schleppt!« Meine unerschrockene Schwester trat vor und beschwichtigte: »Herr Solti, wir nehmen Ihren Einsatz vom Monitor ab«, was den alten Herrn noch mehr in Rage brachte. »Television schleppt immer!«, schrie er. Das ist wohl eine der sprachlich eindrucksvollsten Lanzen, die jemals für die Live-Kunst gebrochen wurde.

Einige Jahre zuvor hatte es Schwester Daniela in Salzburg mit keinem Geringeren als Herbert von Karajan zu tun bekommen. Dieser fühlte sich ja nicht nur für die musikalische, sondern auch für die szenische Leitung verantwortlich. Bei einer szenischen Probe zu »Carmen«, die er mithilfe eines Tonbandes abhielt, bewegte Karajan die Chormassen im Finale per Mikrofon. Plötzlich irritierte ihn ein Pfeifkonzert, das der Chor anstimmt. Ohne zu bedenken, dass es sich um eine unveränderbare Aufnahme handelte, rief der Maestro: »Noch einmal. Aber der Chor soll nicht pfeifen!« Ein schweißgebadeter Tonassistent drückte nochmals den Knopf, natürlich ertönte wieder das störende Geräusch. Karajan, sehr wütend: »Ich habe gesagt, der Chor soll nicht …« Darauf der Schwesternvortritt: »Herr von Karajan, das Pfeifen kommt vom Band.« Worauf Karajan, kaum beruhigt und immer noch sehr indigniert, ins Mikrofon schnaubte: »Nicht einmal pfeifen könnt ihr alleine …«

Karajan hatte die Tempi … und Zeit

Eine Geschichte aus der »Verbotszeit« Herbert von Karajans nach dem Zweiten Weltkrieg erzählte mir der verstorbene Volksoperndirektor und Sänger Karl Dönch – wer weiß, ob sie so stimmt, referiert werden muss sie jedenfalls. Am Salzburger Landestheater – es handelte sich möglicherweise um den »Barbier von Sevilla« – stand ein mittelbegabter Kapellmeister am Pult, während Karajan im Souffleurkasten den Dienst eines Subdirigenten versah. Die »richtigen« Tempi kamen stets aus dem Souffleurkasten, während die Sänger sich natürlich an die Zeichen des Dirigenten halten mussten. Dönch trat nach einer Probe an den überqualifizierten Souffleur heran und fragte: »Herr von Karajan, was soll ich nur machen, wenn Sie ganz andere Tempi geben als der Dirigent?« Darauf Karajan: »Nehmen Sie seine Tempi. Ich habe Zeit.«

Slava, der Küsserkönig

Einer der bezauberndsten Menschen unter den Jahrhundertmusikern war der Cellist Mstislav Rostropowitsch. Er war nicht nur der begnadetste Cellist nach Pablo Casals, sondern auch ein begnadeter Blödler. Den Komponistenfreund Benjamin Britten soll er einmal, knapp vor einem Empfang bei der englischen Königin, zur Widmung eines neuen Cellostückes genötigt haben, indem er drohte, die Monarchin mit einem improvisierten Tänzchen zu überraschen. Britten wollte diese peinliche Einlage, zu der Rostropowitsch durchaus fähig gewesen wäre, unter allen Umständen vermeiden und willigte ein.

Slava der Große lässt sich von mir geduldig durch die Benjamin-Britten-Ausstellung im Theatermuseum führen. Seine Widmung ist vielleicht der lustigste Satz, der mir je auf ein Foto geschrieben wurde.

Als Dirigent u. a. von Brittens »Peter Grimes« ist »Slava«, wie ihn alle nannten, in mein Staatsopernleben getreten. Ich war damals im Pressebüro beschäftigt und auch für die Gestaltung einer Britten-Ausstellung zuständig, durch die ich ihn führte; zu diesem Anlass entstand ein Foto, das Slava mit einer kostbaren Widmung versah (siehe vorige Seite).

Neben solchen Sternstunden hieß der Alltag im Pressebüro aber hauptsächlich: Karten vergeben, Texte schreiben, Interviews vermitteln. Nach Letzterem stand mein Sinn, als Slava eines Morgens knapp vor der Probe im Direktionsstock auftauchte. Mit seinem gemütlichen Watschelschritt klapperte er Büro um Büro ab und herzte die dort anwesenden Damen. Jede erhielt drei lautstarke Wangenküsse von ihm, ich blieb auf seinen Fersen. Nachdem er die Dame im letzten Büro schmatzend begrüßt hatte, sah ich meinen Moment gekommen und wollte die Interviewanfrage vorbringen. Da wandte sich Slava schwungvoll zu mir um, und mit dem Schlachtruf »Dessert!« verpasste er auch mir drei Schmatzer. Dann erst wurde übers Geschäft geredet …

Australien und Wien

Die australische Dirigentin Simone Young durfte ich einmal als Gesprächspartnerin in der Radiosendung »Klassik-Treffpunkt« begrüßen. Um ihr eine ungewohnte musikalische Freude zu bereiten, aber auch um ihr Wienerisch zu testen, spielte ich ihr das Lied »Drunt in der Lobau« von Heinrich Strecker und Fritz Löhner-Beda in der traumhaft kitschigen Interpretation Richard Taubers vor. Nachher fragte ich die einigermaßen irritierte Dirigentin, ob sie auch gut verstanden hätte. Sie meinte, etwas von »Feigen in der Au« vernommen zu haben. Ich konnte

diese Fehleinschätzung österreichischer Vegetation dahinge-
hend korrigieren, dass es sich um »Veigerln«, also Veilchen, handelte …

Verachtet mir die Meister nicht!

Die handelnden Personen dieser Anekdote sind mir namentlich
bekannt – dennoch möchte ich lieber ihr Inkognito wahren.
Während einer »Meistersinger«-Vorstellung hatte der Darsteller
des Hans Sachs im großen Schlussmonolog ein Blackout. In sein
La-la-la hinein schrie der wütende Dirigent vernehmlich vom
Pult: »Was soll das? Jeder Neonazi kann den Text besser als Sie!«

Eine Platzfrage

Bin ich zu Ende dieses Kapitels etwa eine Erklärung schuldig,
was ein guter Dirigent (die meisten guten verachten übrigens den
altmodischen, aber keineswegs abwertenden Titel »Kapellmeister« nicht) *können muss*? Ich fürchte, die kann ich nicht geben.
Von Franz Welser-Möst, dem nächsten Generalmusikdirektor
der Wiener Staatsoper, erfuhr ich immerhin, was ein Dirigent
muss. Er befand sich in den Vorbereitungen zum Wiener »Ring
des Nibelungen« und meinte auf meine Frage, wie bedeutsam
die Inszenierung für ihn sei: »Höchst bedeutend! Ich bin schließlich der Einzige, der sie jeden Abend ansehen muss!« Und zwar
von dem, wie Herbert von Karajan meinte, »heikelsten und
schlechtesten Platz – aber dem bestbezahlten!«

Tenöre und andere Ausnahmen

Von der Kunst des Singens

Legendär ist die Geschichte des Baritons, der bei einer Aufführung von Leoncavallos »Pagliacci« den Prolog so überdeutlich in den Sand setzte, dass er einen wütenden Buh-Orkan erntete. Der Sänger sprach ungerührt zu seinem entrüsteten Publikum: »Mich buhen Sie aus? Dann warten Sie mal, bis der Tenor kommt!«

Also mag Ihr fleißiger Schwan nicht zögern, denselben samt einigen Anekdoten herzuschaffen. Eine unbestreitbare Faustregel im Opernleben lautet ja: Jeder Tenor ist eine Ausnahme. Natürlich sind alle anderen Sänger ebenfalls Ausnahmen, aber der Regent des spektakulärsten Stimmfaches hat einige der besten Anekdoten vorzuweisen, wie die nächsten Buchseiten beweisen sollen.

Ist das nicht die Höhe?

Folgende Geschichte trug sich angeblich bei einer »Rigoletto«-Vorstellung in der italienischen Provinz am Beginn der 1930er Jahre zu. Ein angeschlagener Tenor ahnte bereits, dass er das Hohe B am Phrasenende im Liebesduett mit Gilda nicht würde meistern können. In Ermangelung der hohen Note rettete er sich in die hohe Politik. Er begann textgetreu: »Adunque amiamoci, donna celeste, invidia agl'uomini, …« und brüllte plötzlich »Evviva Mussolini!«, worauf ihn das ganze Auditorium durch frenetischen Jubel des hohen B entband. Es fragt sich, ob höhenarme Tenöre unserer Zeit mit einem Salut für Silvio Berlusconi den gleichen Jubel auslösen würden ...

Auf den Manager Ron Danieli würde ich mich in Geschäftsdingen keinesfalls verlassen; seine Geschichten sind jedoch zum Teil erstklassig. Wieder befinden wir uns in einer »Rigoletto«-Aufführung, diesmal zu Anfang der 1960er in Israel, wo Plácido Domingo seine Weltkarriere begonnen hat. Der junge Tenor war etwas indisponiert und bat den Kollegen Orlando Montez, ihn bei einigen hohen Noten, die abseits der Bühne beizusteuern waren, zu »doubeln«. Montez willigte ein – und schmiss die Stelle. Domingo meinte nach der Aufführung verärgert zu Montez: »Zum Schmeißen brauche ich dich nicht, das kann ich selber!«

Wo ist Otello?

Ich habe Plácido Domingo ein paar Mal kämpfen, aber nie schmeißen gehört. Bei einer »Otello«-Vorstellung an der Wiener Staatsoper jedoch habe ich ihn *hinschmeißen* sehen – der Weltklasse-Sänger kapitulierte in aufsehenerregender Art und Weise.

Ich saß artig in der Direktionsloge und verfolgte die Aufführung, mal auf die Bühne schauend, mal mit Blick in den Klavierauszug. Man war im zweiten Akt angelangt, Domingo begann seine »preghiera« (»Ora e per sempre addio«) zu schmettern, sein Jago Bernd Weikl stand mit rollenkompatibel fiesem Gesichtsausdruck daneben, bereit, einzustimmen. Eben sollte der Tenor mit den Worten »Della gloria d'Otello è questo il fin'« einen Hochton erklimmen; doch es kam nicht mehr zum »Ende«, die Glorie verging vorzeitig. Domingo verstummte, ich traute meinem Auszug nicht, drehte den Kopf zur Bühne und nahm gerade noch wahr, wie der stolze Mohr seinen Umhang hinschmiss und, ganz

Tenöre und andere Ausnahmen

Plácido Domingo beim Rote-Nasen-Tag an der Staatsoper

Domingo, mit verkniffenen Lippen von der Bühne stapfte. Der Orchesterklang schrumpelte in sich zusammen, Bernd Weikl, der nicht wusste, wie ihm geschah, zuckte mit plötzlich ganz unschuldigem Gesichtsausdruck die Achseln, der Vorhang fiel rasch. Hindurch trat Produktionsleiter Thomas Novohradsky und verkündete knapp: »Bitte gehen Sie in die Pause, die Vorstellung wird gleich fortgesetzt!« Das aufstrahlende Saallicht zeigte ein ratloses Publikum, das sich folgsam erhob.

Ich eilte hinter die Bühne, wo ein unbeschreibliches Chaos herrschte. Alles lief und rief durcheinander, auf dem Weg zum Herrensologang zerteilte ich Trauben von diskutierenden Staatsopern-Mitarbeitern. Um zwei Ecken – dort befand sich die Garderobe, in die sich Kammersänger Domingo zurückgezogen hatte – war es hingegen mucksmäuschenstill. In Hörweite der geschlossenen Garderobentüre verkehrte man nur im Flüsterton, wartete, dass dieselbe aufging und über Wohl und Wehe der Aufführung entschieden würde.

Ich als der »Beschwichtigungshofrat« vom Dienst (Michael Lewin hat dieses Wort erfunden, es bezeichnet denjenigen, der vor dem Vorhang unangenehme Nachrichten zu überbringen hat) wollte ebenfalls wissen, wie es weitergeht. Die Betriebsdirektorin Elisabeth Sobotka hatte das Ruder an sich gerissen und verteilte Kommandos. Da sich Domingo bereits im Voraus als indisponiert gemeldet hatte, war ein Cover im Hause. Den Namen des Tenors werde ich nie vergessen: Gurgen Ofsepian. Ich imaginierte im Stillen, wie es mir wohl ergehen würde, wenn ich vor den Vorhang träte und vermeldete, anstelle von Plácido Domingo würde ein Herr Gurgen Ofsepian zu Ende singen; ich kam zu dem Schlusse, dass der nasse Fetzen, mit dem man mich von der Bühne peitschen würde, noch nicht erfunden war …

Was man nun tun solle, wandte sich ein hilfesuchender Maskenbildner an die Chefdisponentin Elisabeth Sobotka; diese wies imperatorisch auf Herrn Ofsepian, der dastand wie ein resignierter Unschuldiger auf dem Weg zum Schafott, und tönte: »Malt's eam an!« Zwei Schergen packten den Zivilisten und zerrten ihn in eine Garderobe. Einige Minuten später ging ich an dem Raum vorbei: Aus dem Zivilisten war ein kostümierter Mohr geworden, der in einem Meer von Stiefeln saß, von denen er einen nach dem anderen anprobierte – offenbar hatte der Delinquent im Moment des Urteilsspruches seine Schuhgröße vergessen.

Noch während ich überlegte, wie ich der vollbesetzten Staatsoper den Vornamen »Gurgen« schmackhaft machen sollte (konnte man ihn vielleicht so ähnlich wie »Plácido« klingen lassen?), verbreitete sich die erlösende Kunde: Der angeschlagene Kammersänger war bereit, weiterzumachen. Den haarigen zweiten Akt allerdings wollte er überspringen. Ohne lange zu überlegen, gab Elisabeth Sobotka dem Hauspersonal die entsprechenden Anweisungen – schließlich waren zwei weitere Akte »Otello« mit Domingo besser als noch drei Akte mit Ofsepian. Das Publikum war wieder eingerufen, ich durfte vor den Vorhang. Ein Raunen begrüßte mich. Nachdem ich in kurzen, aber mitreißenden Worten die beklagenswerte gesundheitliche Verfassung des Patienten skizziert hatte, kam ich zum Wesentlichen: »… dennoch hat sich Herr Kammersänger Domingo bereit erklärt, den Abend für Sie zu Ende zu singen.« Ein frenetischer Jubel dröhnte mir entgegen. Ich fühlte sofort, dass dies der größte Publikumszuspruch meines Lebens bleiben würde. Und mit dem leger hingeworfenen Satz »Wir setzen fort mit dem dritten Akt« schlüpfte ich behände hinter den Vorhang zurück.

Wissende wissen auch nicht alles

Dass mangelhaftes Zuschauerbenehmen für Sänger durchaus hilfreich sein kann, lernte ich von Plácido Domingo am 27. April 1995. In einem aufsehenerregenden Konzert feierte die Wiener Staatsoper damals den 50. Jahrestag der Republikgründung. Klaus Maria Brandauer conférierte, Ioan Holender hielt vorab eine Rede. An dieser hatte er mehrere Wochen unter Heranziehung aller möglichen Ratgeber herumgedoktert. Die Rede gewann in den Tagen vor dem Ereignis eine gewisse Eigendynamik, Holender apostrophierte sie als »Krönungsrede« und sprach von dem Konzert nur mehr als »Krönung«. Es wurde eine gute Rede, aber sie ging auch vorbei. Hernach sang die Crème de la crème der internationalen Sängerelite Werke von vor 1945 verfemten Künstlern.

Plácido Domingo interpretierte das Lied von Kleinzack aus Jacques Offenbachs »Hoffmanns Erzählungen«. Auf zwei Stro-

Von der Kunst des Singens

Ich finde, Plácido Domingo kann man nicht oft genug sehen. Und meine Mutter (nicht im Bild) findet das auch.

phen, die den lächerlichen Zwerg Kleinzack schildern, folgt ein elegisches Arioso, in dem sich das Bild der Geliebten in Hoffmanns plapperndes Trinklied einschleicht. Dieses lyrische Mittelstück hat einen effektvollen Abschluss, ein wissendes und wohlerzogenes Publikum würde allerdings nie hineinklatschen. Teile des Publikums an jenem April-Abend waren nicht wohlerzogen und ließen ihrer Begeisterung freien Lauf. Eine wissende Fraktion zischte die Applaudierenden rasch nieder, mit der abschließenden Kleinzack-Strophe konnte fortgesetzt werden. Als Domingo von der Bühne abging, schüttelte er aufgebracht den Kopf.»Furchtbar, dieses Publikum ...«, knurrte er.»Ja«, bekannte ich mich als Wissender, »dass die da hinein applaudieren!« Da gab der Sänger unwirsch zurück: »Nein, dass die anderen den Applaus niedergezischt haben! Ich hätte die kleine Erholungspause gut brauchen können!«

Kondition ist fast alles

Nun habe ich ausschließlich Grenzsituationen des großen Domingo geschildert. In Wahrheit ist er vielleicht der großartigste Sänger, den ich jemals erlebt habe. Ein echter Star, dem es nicht darum geht, die anderen zu überstrahlen, in dessen Licht vielmehr alle anderen heller leuchten und noch bessere Leistungen vollbringen.

Der Regisseur und Tenorsohn Giancarlo del Monaco hatte eine Geschichte über Domingos legendäre Kondition (die den Sänger neben Kunstfertigkeit, Neugierde und Intelligenz auszeichnet) auf Lager: »Vor ein paar Jahren habe ich eine Inszenierung mit Domingo in Los Angeles gemacht. Er flog einen Tag nach mir zurück nach Europa. Weitere paar Tage später begegneten wir einander in Berlin, ich hatte mich nach dem Überseeflug noch immer nicht von meinem Jetlag erholt. Er aber schien vollkommen ausgeruht. ›Wie kannst du nur so frisch sein?‹, fragte ich ihn. ›Ganz einfach‹, gab er munter zurück, ›ich habe gestern Otello in Paris gesungen!‹«

Am siebenten Tage ...

Giancarlo del Monacos Vater war der ebenfalls nicht gerade schwächliche Mario del Monaco. Auch er ein legendärer Otello, auch er mit den Klippen dieser Partie vollkommen vertraut. Und trotz seiner stählernen vokalen Konstitution hatte auch del Monaco Respekt vor der Stelle (»Della gloria d'Otello è questo il fin'«), vor der Domingo bei der denkwürdigen Wiener Aufführung kapituliert hatte. Den Rest der Partie, so del Monaco, »esse ich zum Frühstück« – wenn wir das schöne italienische »il resto me lo bevo« so übersetzen möchten.

Mario del Monaco war nicht nur ein begehrter Tenor, sondern auch ein überaus attraktiver Mann. Bei einer Schiffsreise soll es sich zugetragen haben, dass die Ehegattin des Stars die Annäherungsversuche einer jungen Dame mit folgender Klarstellung unterband: »Hören Sie mir einmal zu, junge Frau. Ihnen gefällt mein Mann, so weit so gut. Sie wissen, dass er Sänger ist. Sie wissen vielleicht nicht, dass er sich nicht nur am Aufführungstag, sondern auch am Tag davor und am Tag danach schonen muss. Er singt zweimal die Woche, macht sechs Tage die Woche Schonung. Und am siebenten Tag gehört er mir!«

Solche Schonung brauchen nicht alle »Ritter des hohen C« (um diese unnötige Phrase endlich zu gebrauchen). Ein bereits verstorbener russischer Startenor pflegte sogar vor und während seiner Vorstellungen junge Verehrerinnen in die Garderobe einzulassen – und es hält sich das Gerücht, dass er mit den anwesenden Damen weder Konversation gepflegt noch Karten gespielt hat.

Nicht sprechen, aber rauchen!

Leo Slezak hielt es da viel strenger. Wenn er an Vorstellungstagen seinen Verdauungsspaziergang vollführte, trug er unter seinem hoch geknöpften Mantel stets ein Schild um den Hals. Sollte er von einem Verehrer angesprochen werden, öffnete er den Mantel ein wenig und das Schild wurde lesbar: »Kann nicht sprechen. Heute Vorstellung!«

Allerdings frönte Slezak – wie überraschend viele Sänger, darunter auch sein Vorgänger Enrico Caruso – dem Tabakrauch. Lauritz Melchior ließ sich sogar in voller Wagner-Montur, mit Helm und Umhängebart, für eine Zigarettenfirma ablichten und beteuerte in dem Werbetext, wie gut der blaue Dunst seinen Stimmbändern täte ... Damals wusste man noch nicht, dass Zigarettenrauch abgrundtief schädlich ist, besonders für den

Charakter. Getreu dem urwienerischen Satz »Nix is guat für d'
Augen« ist die Zigarette für so gut wie nichts gut.

Der Tenor Julius Patzak, ebenfalls ein Nikotinjünger, soll einmal gesagt haben: »Wann i' merk, dass des Rauchen meiner
Stimm' schadet, hör ich sofort auf ... zu singen!«

»Sie sehen aus wie der junge di Stefano!«

Der begabte und gutaussehende junge albanische Tenor Saimir
Pirgu hatte das Glück, Meisterkurse bei zwei – mittlerweile verstorbenen – großen Kollegen zu absolvieren: Luciano Pavarotti
und Giuseppe di Stefano. Als Pirgu bei »Big P.« durch die Türe
kam, meinte dieser sofort: »Sie sehen ja aus wie der junge di Stefano! Hoffentlich singen Sie auch so!« Und als Pirgu sich einige
Monate später bei dem betagten di Stefano vorstellte, sagte dieser spontan: »Sie sehen ja aus wie ich, als ich jung war. Hoffentlich singen Sie nicht wie Pavarotti ...«

(Einen deutlichen Abstieg im Pointenniveau bedeutet es übrigens, darauf hinzuweisen, dass unser albanischer Tenor namentlich in Elisabeths »Hallenarie« im »Tannhäuser« vorkommt. Ich
weise trotzdem: »Saimir gegrüßt, Saimir gegrüßt! Du teurer
Pirgu, Saimir gegrüßt ...«)

Neueste Nachrichten

Der amerikanische Tenor Frank Lopardo ist humorvoll bis hin zu
Lausbubenstreichen. Eines Tages stand er mit dem Bariton
Lucio Gallo, dem ich diese Anekdote verdanke, im Sekretariat
des General Managers der Metropolitan Opera; die Vorzimmer-
dame musste sich kurz für einen durchaus menschlichen Weg ab-
sentieren, Lopardo blieb allein ... und das Telefon läutete. Der

Tenor konnte sich nicht zurückhalten, abzuheben, flötete in den Hörer: »Metropolitan Opera, how can I help you?« Am anderen Ende meldete sich ein Kollege mit breitem russischen Akzent: »Hier ist Wladimir Popov. Gibt es Nachrichten für mich?« – »Lassen Sie mich nachsehen, Mr. Popov«, gab die männliche Sekretärin routiniert zurück, und nach einer kurzen Pause: »Ja, da ist eine Nachricht: Popov – fuck off.« Lopardo legte flink auf und suchte gemeinsam mit seinem sprachlosen Mitwisser das Weite.

Wladimir Popov, der zwanzig Minuten später wutschnaubend im Büro stand, fand eine völlig ahnungslose Sekretärin vor ...

Haltestellen

»Fermata« ist im Italienischen die Haltestelle, also ein Ort, wo man Bus oder Straßenbahn erwartet. In der Musik ist die Fermate ebenfalls ein Haltepunkt, Tenöre sind aber bisweilen noch unverlässlicher als öffentliche Verkehrsmittel. Angesichts der Freude, dass eine hohe Note erreicht wurde, hält sie der Tenor gerne über Gebühr aus. Man spricht dann davon, dass der Sänger auf der Note »Urlaub macht«.

Der Tenor Osvaldo Pianduni berichtete von einer Probe mit dem Dirigenten Alberto Erede. Als sich Pianduni einen kleinen Urlaub auf einem hohen Ton gönnte, klopfte Erede ab und fragte freundlich: »Herr Pianduni, was machen Sie da?« – »Eine Fermate, ist das in Ordnung für Sie, Maestro?« Die Antwort kam prompt und freundlich: »Aber natürlich, halten Sie den Ton nur aus. Wir hier unten« – er meinte sich und das Orchester – »machen inzwischen weiter.«

Nikolaus Harnoncourt – und das gehört eigentlich gar nicht hierher – lehnt übrigens die Anrede Maestro mit der Begründung ab: »Ich bin ja kein italienischer Friseur.«

– 43 –

Holecek senior ...

Verweilen wir nicht nur in tenoralen Gefilden (wir kehren schon noch zu den hohen Herren zurück, keine Sorge), wenden wir uns vorübergehend auch anderen Stimmgruppen zu. Heinz »Honzo« Holecek fühlt sich als Parodist sowohl bei den Tenören als auch den Bässen, bei Schlagersängern und Popsternchen heimisch, ist eigentlich Bariton und gehört noch eigentlicher dem Fach der Wiener Originale zu. Da er seine brillanten Anekdoten gut, gerne und oft selbst erzählt, möchte ich ihn nicht allzu intensiv berauben. Aber ein bisserl was geht immer.

Vor einem unserer »Schwan«-Abende an der Volksoper (Sie erinnern sich, das waren die Keimzellen des Buches, das Sie in Ihren vor Amüsement bebenden Händen halten) vertraute er mir eine Geschichte des Tenorkollegen Mario Guggia an, der in den 60er und 70er Jahren regelmäßig in kleineren Rollen an der Staatsoper gastiert hatte. Er war ein ordentlicher Gebrauchstenor, kein weltenbewegender Sangeskünstler, sodass ihm die Wiener Kollegen das vom Fiakerlied hergeleitete Bonmot nicht ersparten: »Guggia [statt Kutscher] kann a jeder werden ...«. Eines Tages fand sich knapp vor einer »Falstaff«-Aufführung kein geeigneter Sänger für die nicht besonders umfangreiche Partie des Bardolfo. Also wurde Mario Guggia nach längerer Abwesenheit von Wien aus Mailand eingeflogen, Ankunft eine Stunde vor Vorstellungsbeginn. Die Abendspielleiterin Diana Kienast war auf den Flughafen geeilt, um den Einspringer noch im Taxi einzuweisen. Doch die erste Frage, die Guggia stellte, bezog sich nicht auf Bühnen-Positionen, sondern ob der lange vermisste Kollege Honzo noch aktiv sei: »Mi dica: Holecek, beve ancora?« (»Sagen Sie mir: Trinkt Holecek noch?«)

... und Holecek junior

Ein fast so guter Blödler und ein mindestens ebenso guter Sänger wie sein Vater ist Sebastian Holecek. In seine Zeit als Ensemble-mitglied der Staatsoper datiert die selbst erlebte Geschichte, in der Sebastian die Hauptrolle spielt – und das, obwohl der Schle-mihl in »Hoffmanns Erzählungen« eigentlich eher als Nebenfigur einzustufen ist. Seine Hauptaufgabe ist es, sich von Hoffmann knapp vor dem Schlussbild im Duell erstechen zu lassen. Dies ge-schah auch in jener Aufführung; allerdings rollte Holecek jr. alias Schlemihl im Todeskampf so kunstvoll über die Bühne, dass er vor dem Zwischenvorhang zu liegen kam. Hinter einem Zwischen-vorhang findet – das sei zur Erklärung gesagt – ein Umbau statt. Doch kann dieser Vorhang nicht hochgehen, so lange ein stark at-mender Sänger davorliegt, der eine Leiche markiert. Denn was tut man mit dieser Leiche für den Rest des Stückes?

Sebastian Holecek lag also da, war in seiner Rolle aufgegangen und mit jeder weiteren Sekunde des Daliegens immer unschlüs-siger, wie er sich denn glaubhaft wegbewegen sollte, sodass sei-nes Liegens offenbar kein Ende mehr war. Eine tatkräftige Abendspielleiterin versuchte, das Stück durch gezischte Zurufe von der Seite wieder in Gang zu bringen. »Sebastian!« Keine Regung des erstochenen Schlemihl, abgesehen vom Heben und Senken des Brustkorbs. Die Abendspielleiterin, etwas lauter: »Se-basti-an!!« Nichts. Der Angezischte lag, die Vorstellung stand. Also startete man von der Seitenbühne eine rasche Ret-tungsaktion: Zwei Statisten wurden hereingesandt, den Verbli-chenen zu bergen. Doch Holecek fühlte sich mittlerweile wirk-lich so tot (oder wollte es gerne sein), dass er den Körper schlaff ließ und bei dem Trägemanöver nicht anspannte – weshalb er den angestrengten Statisten zweimal aus der Hand glitt und mit

– 45 –

Sebastian Holecek lauscht mir angeregt – oder ist der heurige Wein an der Anregung schuld?

dumpfem Geräusch auf den Bühnenboden krachte. Als der Tote endlich weggeschafft war, gab es einen dankbaren Szenenapplaus – Hoffmann konnte nun zu Ende erzählen.

All das wäre nicht ganz so schlimm gewesen, wenn Direktor Holender unserem jungen Sänger nicht wenige Tage zuvor aufgetragen hätte: »Holecek, spielen Sie sich nicht immer so in den Vordergrund!«

»*Wo ist das Messer?*«

Ein hervorragender Künstler und Gentleman ist der deutsche Bariton Franz Grundheber. Er zeigte sich immer beglückt über die freundlich-bestimmte Art des Staatsopern-Personals, das die Vorstellung hinter der Bühne betreute. Einen Garderober (so nennt man in Wien den Berufsstand des Garderobiers), der ihn beständig mit »Herr Kammersänger« ansprach, klärte Grundheber auf, dass er gar kein Kammersänger sei. Der Garderober, unbeirrt: »Wird scho' werden, Herr Kammersänger!« (Mittlerweile trägt Franz den Ehrentitel auch in Wien, und das völlig zu Recht.)

Bei den Endproben zu »Wozzeck« an der Wiener Staatsoper bat Franz Grundheber einen Requisiteur, ihm das Messer an einen bestimmten Platz zu legen. Der Requisiteur, ein übereifriger Berufsanfänger, wollte seine Sache so gut wie möglich machen und beobachtete das Geschehen vom Bühnenrand. Wenn Wozzeck die Mordwaffe in der vorletzten Szene auf einem »Waldweg am Teich« sucht, hat er die Worte zu deklamieren: »Das Messer? Wo ist das Messer?« Als Grundheber bei einer der Endproben diese Zeile intonierte, stürzte der Requisiteur mit beschwörend erhobenen Händen auf die Bühne: »Aber Herr Kammersänger, ich hab's Ihnen doch eh da herg'legt!«

Neues aus Pontevedro

Harald Serafin, als Operettenheld unvergessen, als »Mr. Wunderbar« im TV wiedergeboren (oder zumindest wiedergetauft), hat sich auf der Bühne nach eigener Aussage in das Fach der »alten Teppen« vorgearbeitet. Er selbst ist natürlich ein blitzgescheiter und tüchtiger Herr, der bisweilen auch abseits der Bühne ein spontan-verwirrtes Image pflegt und damit großartig unterhält. Seine Spontaneität wird auch in den Aufführungen geschätzt, allerdings mehr vom Publikum als von den Kollegen, die ja immerhin auf präzise Stichworte angewiesen sind.

In Franz Lehárs »Die lustige Witwe« geht es bekanntermaßen darum, dass die titelgebende Millionenerbin Hanna Glawari keinen Pariser, sondern einen Pontevedriner heiraten möge, damit das Geld im Lande bleibe. Harald Serafin, einst umjubelter

– 47 –

Rekord-Danilo, nunmehr Darsteller des Barons Mirko Zeta, weiß all das ganz genau, lässt es sich aber nicht immer anmerken.

So tönte er einmal gegenüber den versammelten pontevedrinischen Honoratioren: »Hanna Glawari darf unter keinen Umständen einen Pontevedriner heiraten!« Der Souffleur schritt zischend ein, worauf Harald lautstark korrigierte: »Muss! Muss einen Pontevedriner heiraten!« Nun hatte alles wieder seine Richtigkeit, die honorablen Gesichter konnten sich entspannen.

In einer anderen »Witwe«-Vorstellung, ebenfalls an der Volksoper, improvisierte der Kammersänger eine andere Finte der Heiratspolitik. Dem vor ihm stehenden Grafen Danilo (für die Diplomaten Pontevedros der Wunschgatte Hannas) mutete er zu: »Herr Graf, Sie müssen unter allen Umständen einen Pontevedriner heiraten!« Der verdatterte Danilo (es war Mathias Hausmann) antwortete wahrheitsgemäß: »Exzellenz, das kann ich nicht!«

Ein seltener Moment: Nach Verleihung seiner Volksopern-Ehrenmitgliedschaft macht sich Harald Serafin klein – aber nur vor Lachen. Da schmunzelt selbst Karl Hohenlohe.

»Nicht hinsetzen!«

Der oben erwähnte Volksopern-Souffleur, Mario Kaiser, hat sich unschätzbare Verdienste um die textliche Integrität der Meisteroperette angesichts serafinischer Extempores erworben. Nach »Lustigen Witwen« mit dem großen Harald kann man Mario Kaiser, durchgeschwitzt und fahl von Antlitz, in sein Büro schleichen sehen. Als der Kammersänger die Ehrenmitgliedschaft der Volksoper erhielt, vergaß er denn auch nicht, den Kaiser unter den Souffleuren entsprechend zu würdigen und mit Handschlag in den Kasten zu bedanken.

Bei der nicht eben geglückten Produktion der »Lustigen Witwe« an der Volksoper 2005 war der Souffleurkasten mit einem Sitzmöbel in der Form eines roten Kussmundes überbaut. Wer sich dort hineinsetzte, konnte die Beiträge des Souffleurs nicht einmal erahnen, weshalb Kaiser seinem Schützling Serafin einschärfte, das Sofa zu meiden. Als der muntere Zeta dies bei einer Vorstellung vergaß und dem Danilo jovial einen Platz auf dem Lippensofa anbot, ertönte ein ungewöhnlich lauter, bis auf die Galerie hörbarer Angstschrei aus dem Souffleurkasten: »Nicht hinsetzen!« Harald Serafin zuckte folgsam zurück, und mit vereinten Kräften wurde die Szene textlich gemeistert.

Ist einmal im Leben so

Wenn wir schon bei den ehemaligen Danilos und ihren altersbedingten Fachwechseln sind: Die Legende Johannes Heesters ist eine Spur älter als »Die lustige Witwe« selbst und nicht nur der längstdienende, sondern auch einer der größten Singschauspieler, die es je gegeben hat. Über hundertjährig verkörperte er in Hamburg den Kaiser im »Weißen Rössl«. Er absolvierte die

Szene im Sitzen, seine aufopfernde Frau Simone Rethel stand hinter einer aufgespannten österreichischen Fahne und zischte, mariokaisergleich, dem greisen Operettenkaiser seinen Text zu.

Als bei dem Lied »Ist einmal im Leben so« das Orchester einsetzte und die Souffleuse aus Liebe übertönte, war Jopie auf sich selbst gestellt. Er formte durchwegs immerhin textähnliche Laute, die bisweilen wenig mit dem Original zu tun hatten. Bei der Stelle »... lächle und füge dich!« entfuhr ihm in freier Improvisation einmal: »lächle, mein Führer, mich!« Da musste natürlich jedermann im Publikum daran denken, dass Heesters einstmals »Hitlers Lieblingsdanilo« gewesen war. Zu allem Überfluss titelte die Bild-Zeitung am 5. Dezember 2008, mitten im Lauf der bewussten »Rössl«-Produktion: »Johannes Heesters: Hitler-Eklat am 105. Geburtstag!« Damit war aber nicht die Textschwäche gemeint,

Harald Serafin glänzt im Vordergrund, während ich seinen Rollenvorgänger Johannes Heesters abführe und versuche, mich serafinesk zu verschmitzen.

– 50 –

sondern ein Interview, das der greise Schauspieler einem holländischen TV-Sender gegeben und den »Führer« dabei als »guten Kerl« bezeichnet hatte. Heesters bereute, den Kartenverkäufen des »Weißen Rössl« hat der Eklat jedenfalls nicht geschadet ...

»Grüner Fenchel«

Mit dem Bassisten René Pape verbindet mich eine Freundschaft seit dem Jahr 1992. Den Beginn dieser Freundschaft könnte man genau datieren: Nach einer »Fidelio«-Vorstellung begann sie und wurde im Laufe der folgenden halben Nacht mit mehr als einem Gläschen besiegelt. Eine nette Runde wartete nach Vorstellungsende auf dem Herrensologang der Staatsoper: ich auf Kurt Moll (den Darsteller des Rocco), Jochen Kowalski auf den mir noch unbekannten René (der den Minister gegeben hatte) und der madonnenhaft hübsche, blondgelockte Freund Monte Pedersons (gerade noch ein grimmiger Pizarro, im Privatleben aber weit sanfter) auf eben diesen. »Als ich dich mit den Jungs gesehen habe, dachte ich eigentlich, du bist schwul«, gestand mir René ein paar Stunden später in der Loos-Bar. Ich hatte aufgrund seines vermeintlichen »Rendezvous'« mit Jochen dasselbe von ihm angenommen. Glücklicherweise ist die Vermutung oder das Faktum, jemand sei schwul, im Theater von keinen moralischen Wertungen begleitet. Hier ist zumeist das verwirklicht, was sich der wackere Life-Ball-Organisator Gery Keszler zum Ziel gesetzt hat, nämlich dass »Homosexualität blunzenwurscht« ist. Aber auch der umgekehrte Verdacht, jemand hätte es im Theater aufgrund homosexueller Neigungen besonders »leicht«, trifft nicht zu. Der Ochs singt im »Rosenkavalier« die Worte: »Man ist halt, was man ist und braucht's nicht zu beweisen.« Und das ist gut so. Als René und ich gesprächsweise herausgefunden hatten, dass wir beide »es« halt nicht sind, verharrten wir ein wenig bei dem Thema, und ich konnte seinen Sprachschatz um ein paar fremdsprachige Bezeichnungen für Schwule bereichern: etwa »teplák« im Tschechischen (eigentlich bedeutet das Wort »Wintermantel«) oder, unbegreiflicherweise, »finocchio« im Italienischen. Liebhaber der mediterranen Küche wissen vielleicht, dass »finocchio« Fenchel bedeutet – was das mit Homosexualität zu tun hat, weiß ich wirklich nicht.

René aber meinte, er könnte der Szene des Sprechers in der »Zauberflöte« (eine mittelgroße Partie, die er damals noch sang) nun eine völlig neue Farbe geben. Dieser hat zur Begrüßung Taminos zu singen: »Wo willst du kühner Fremdling hin?« Mein neuer Sängerfreund aber versprach, das nächste Mal mit den Worten »Wo willst du grüner Fenchel hin?« anzuheben. Er hat es, meines Wissens, nie getan, die brillante Idee wurde geboren und verging wieder in der engen Loos-Bar.

Erschlagener Hunding

Im Frühling 1995 kehrte René Pape als Hunding in Wagners »Walküre« an die Staatsoper zurück. Sein nach Sir Georg Solti wichtigster Mentor, Daniel Barenboim, dirigierte, der Siegmund, der René zu »erschlagen« hatte, war kein Geringerer als Plácido Domingo. Der große Sänger ist ein geradezu treusorgender, stets freundlicher Kollege. Nach einer Vorstellung erschien René im vereinbarten Restaurant mit Verspätung – und einem Kopfverband. Dem berühmten Tenor war in der Zweikampf-Szene das Schwert ausgekommen, eine Platzwunde auf dem Hinterkopf des Kontrahenten war die Folge. Der Verband war schnell angebracht, die meiste Zeit hatte es laut René in Anspruch genommen, Plácido Domingo über den Vorfall hinwegzutrösten ...

– 52 –

Fußballhalber nicht abgeholt

Eineinhalb Jahrzehnte nach unserer ersten Begegnung in Wien ist René Pape längst ein Weltstar, und wir trinken immer noch hin und wieder ein Gläschen miteinander. (Zur Beruhigung unserer Lebensabschnitts-Partnerinnen sei festgehalten: Natürlich viel weniger als in unseren jungen Jahren!)

So auch im Juni 2008. René hatte gerade einen prachtvollen Philipp in »Don Carlo« hinter sich gebracht, ansonsten tobte u. a. in Wien die Fußball-EM: im Ernst-Happel-Stadion und im End-stadium. René erschien in unserem Stammlokal, Akis »Sole« in der Annagasse, mit einem Reisekoffer, dessen Bedeutung er mir gleich kundtat: »Ich muss heute Nacht nach St. Petersburg.« In dem wieder erblühten russischen Mariinsky-Theater unter der Leitung von Valery Gergiev stand tags darauf »Tristan und Isol-de« auf dem Programm. Es ist nicht ungewöhnlich, dass Pape den König Marke verkörpert; ungewöhnlich war nur, dass dieser Auf-tritt erst wenige Wochen zuvor fixiert worden war. Man hatte in dem traditionsreichen Opernhaus bis zu jenem Zeitpunkt ver-gessen, dass die gewiss nicht umfängliche Besetzungsliste des »Tristan« auch einen Marke aufweist. Aber alles versprach gut zu werden, René hatte sich Zeit nehmen können und wartete nun mit Koffer auf einen russischen Chauffeur, der ihn zum Flugha-fen bringen und dort in eine russische Maschine setzen sollte. Allerdings hatte man nicht mit dem guten Abschneiden der rus-sischen Fußballmannschaft und den sich daraus ergebenden Umständen gerechnet.

Die Umstände begannen mit einem Anruf von allerhöchster Seite: Renés Mobiltelefon schellte, niemand anderer als Maestro Gergiev informierte ihn, dass es Verspätungen geben würde. Die russischen Piloten, die von Innsbruck aufbrechen sollten, seien noch nicht startklar. Mehrere Telefonate später war die Wahrheit ans Licht getreten: Die russische Elf hatte an demselben Abend im Innsbrucker Stadion einen überraschenden Sieg (fragen Sie mich bitte nicht, gegen wen) errungen, Pilot und Copilot hatten sich von ihrer sportlichen Freude im buchstäblichen Sinne »wegschwemmen« lassen und waren nun unfähig, ein Flugzeug auch nur zu besteigen, geschweige denn, es zu fliegen. Das gab René und mir die Gelegenheit, ebenfalls noch ein paar Gläschen (aber deutlich weniger, als wir früher getrunken hätten) auf den edlen Fußballsport zu erheben. Dann checkte er wieder in sein Hotel ein. Und am nächsten Morgen ging es mit ziemlich nüchterner Besatzung nach St. Petersburg.

Aus Versprechern werden Projekte

Renés Basskollege Ferruccio Furlanetto ist das Gegenteil von dem, was man in Wien einen »G'schichtldrucker« nennt. Er ist eher wortkarg, selbstbewusst, aber bescheiden, freundlich, von völliger Entspanntheit. Und angesichts seiner sonoren Sprechstimme komme ich mir stets vor wie ein Knabensopran im Höhenrausch.

Wenige Tage nach seinem 60. Geburtstag im Mai 2009 hatte ich Gelegenheit, mit ihm zur Vorbereitung eines spannenden Projektes zusammen zu sitzen: der konzertanten Aufführung des Musicals »South Pacific« von Rodgers & Hammerstein an der Wiener Volksoper. Geboren wurde dieses Projekt übrigens aus einem Versprecher von mir: Im Februar 2006 war Ferruccio Furlanetto Gast bei drei »Broadway-Galas« zur Feier von 50 Jahren Musical an der Volksoper. Er sang mit Bravour den Weltschlager »Ol' Man River« aus »Show Boat«. Als ich bei der dritten Aufführung die Nummer ansagte, passierte es mir, dass ich

– 54 –

eine Nummer aus »South Pacific« ankündigte. Ich korrigierte mich zwar gleich, doch danach fragte mich Furlanetto: »Was haben Sie da über ›South Pacific‹ gesagt? Das ist eine Traumrolle von mir!« Ich antwortete sofort: »Dann machen wir es hier. Drei konzertante Aufführungen. Sagen Sie mir einfach, wann Sie Zeit haben.« Wenige Wochen später erklärte mir der Italiener am Telefon: »Man hat mir am Broadway ›South Pacific‹ angeboten. Ich hätte es fast angenommen, denn meine Partnerin hätte Scarlett Johansson sein sollen …« Ich sah meine schöne Idee schwinden. Was würde ein Mann nicht tun, um Scarlett Johansson küssen zu dürfen, und sei es auch nur für Geld auf der Bühne? Aber: »… aber ich kann das nicht. Mich ein halbes Jahr binden? Unmöglich. Also machen wir es an der Volksoper. Wie wär's mit Jänner 2010?« Volksoperndirektor Robert Meyer war begeistert von dem Vorschlag, ermöglichte nicht nur den Termin, sondern fand auch einen Sponsor, um die stolze Gage des Kammersängers zu finanzieren.

Und der Sohn heißt …

Doch zurück zu dem Abend, den ich mit Ferruccio Furlanetto im Mai 2009 verbringen durfte. Eine sehr private, aber durchaus nicht intime Geschichte erzählte mir der Sänger, die ich hier gerne im O-Ton wiedergebe: »Als ich einen Namen für meinen ersten Sohn suchte, dachte ich an eine Episode aus meiner Kindheit zurück. Ich war in der ersten Volksschulklasse, ein unheimlich heißer Tag drückte uns alle nieder. Es war schon Nachmittag, und ich musste, müde und erschöpft, wie ich war, meinen Namen schreiben: F-e-r-r-u-c-c-i-o … F-u-r-l-a-n-e-t-t-o … Was für eine Quälerei! Das kann man doch keinem Kind antun! Und wissen Sie, wie ich deshalb meinen Sohn genannt habe? Ugo!«

Familienfest in Utopia

Der Abend, den der profunde Kammersänger und ich gemeinsam verbrachten, fand selbstverständlich im Ristorante »Sole«, dem Lokal des famosen italienischen (aber eigentlich mazedonischen) Padrone Aki Nuredini statt, dem Ort, wo sich Künstler (aber auch Nicht-Künstler wie ich) am wohlsten fühlen. Im Moment meines Eintreffens hatte der Tenor Ramon Vargas dank seinem frühen Duelltod in »Eugen Onegin« bereits die Hauptspeise vor sich, die Mezzosopranistin Zoryana Kushpler langte bald ein, plötzlich zischte auch ein euphorischer Daniel Barenboim um die Ecke. Mit ansteckender Freude erzählte der Maestro einen sehr langen und an sich nicht sehr komischen Golfer-Witz – aber wer würde es wagen, nicht zu lachen, wenn Barenboim einen Witz erzählte?

In dem Augenblick, als Daniel Barenboim um dieselbe Ecke wieder zurückzischte, dachte ich bei mir, dass er auch ein eilfertiger, hervorragender Kellner geworden wäre (und die auf den Seiten 17/18 wiedergegebene Anekdote bestätigt mich in dieser Auffassung), Gott sei Dank wurde er aber ein noch hervorragenderer Musiker.

Schließlich eilte Barenboim in den Oberstock, wo er wenig später mit seinem Kollegen Seiji Ozawa abgelichtet wurde. Schließlich schritt auch noch ein großgewachsener Herr mit gelichtetem Haupthaar vorbei, was Ferruccio Furlanetto den Ruf »Peter!« entlockte (übrigens das lauteste Wort, das er an jenem Abend nach Verlassen der Bühne geäußert hatte). Es handelte sich um Peter Gelb, den General Manager der Metropolitan Opera. Und gegen Mitternacht warf auch noch der designierte Staatsoperndirektor Dominique Meyer einen Blick durch die Türe, begrüßte Furlanetto herzlich, Aki sehr herzlich und mich erstaunlich freundlich – man ist das ja nicht so von einem jeden Staatsoperndirektor gewöhnt …

In diesem Trubel von Prominenten, der zumeist im Sole herrscht, fühlt man sich dennoch stets in Ruhe geborgen; es gleicht einem Familienfest, bei dem man alle Anwesenden mag – also einer Veranstaltung, die bestenfalls in Utopia stattfinden kann …

Verantwortlich für das allgemeine Wohlbefinden, zu dem selbstverständlich auch hervorragende Speis' und Trank gehören, ist niemand anders als Aki Nuredini. Im Juni 2009 erhielt er das Goldene Verdienstzeichen des Landes Wien – ich kenne zahlreiche Personen, die diese Auszeichnung viel weniger verdienen als er. Einige davon haben sie auch wirklich nicht bekommen.

Ein Lob auf Aki Nuredini

Zur Feier der Überreichung wollte Ferruccio Furlanetto persönlich in Wien sein; Probenarbeiten in London hielten ihn bedauerlicherweise davon ab. Stattdessen sandte er folgende Grußbotschaft, die mindestens ebenso viel über den Autor wie über den Belobten aussagt:

»Mein Beruf ist in vielerlei Hinsichten ein privilegierter, ohne Zweifel. Aber oft befindet man sich für lange Zeiträume alleine in einer Stadt, ohne Freunde oder Bekannte. Dieser Zustand ist manchmal sehr belastend. Selbstverständlich kann man sich beschäftigen, entweder mit dem Studium von Rollen oder mit gesundem Sport (Golf natürlich!). Doch es ist die Wärme einer Freundschaft, die Aufmerksamkeiten eines echten Freundes, die uns spüren lassen, dass wir zu Hause sind – auch hunderte Kilometer von dort entfernt.

Tenöre und andere Ausnahmen

Aki Nuredini, Padrone der Herzen, hat Sonne nicht nur in demselben. Sondern auch, wie dieses Foto beweist, im Munde.

In 35 Jahren Karriere ist es mir nur zweimal passiert, dass ich mich von einer solchen Zuneigung wirklich umgeben gefühlt habe. In den 1980er Jahren in New York, und, bis heute, in Wien: im Ristorante Sole meines lieben Freundes Aki.
Aki ist ein Mann von ausgesuchter Freundlichkeit und größter Professionalität. Er ist stets bemüht, seine schwere Arbeit aufs Beste zu verrichten, immer bereit zu helfen, zu unterstützen, uns das Gefühl eines Zuhauses zu geben und in uns den Eindruck zu erwecken, als seien wir die wichtigsten Gäste seines Restaurants.
Im Übrigen muss man nur einen Blick auf seine Familie werfen, um zu verstehen: Die ideale Ehefrau, die ihr Leben der Aufgabe geweiht hat, die richtige Frau für den richtigen Mann zu sein; vier Kinder, allesamt Ausnahmeerscheinungen an menschlicher Wärme, Intelligenz und Tüchtigkeit.

Die Besonderheit Akis und seiner Familie haben meine Aufenthalte in Wien mit zauberhaften Momenten bereichert. Wie gerne würde ich jetzt bei Euch sein, um das alles selbst zu sagen. Leider arbeite ich gerade in London, einer Stadt, die ich liebe, die praktisch alles bietet, was man zum Leben braucht – aber leider, ... es gibt hier keinen Aki Nuredini!
Mit der herzlichsten brüderlichen Umarmung, Ferruccio.«

Sänger oder Frauenarzt?

Kammersänger Furlanetto hat gewiss recht: Der Sängerberuf bietet viele Privilegien und Freuden. Während das Publikum in Wonnen schwelgt, übt der Darsteller aber einen Beruf aus, der mit Entbehrungen, Anstrengungen und hoher Konzentration einhergeht – eben mit Arbeit verbunden ist. Carlos Álvarez, ein anderer Stammkunde des Sole, erzählte einmal vom Beginn seiner Karriere, als er noch zwischen den Professionen des Gynäkologen und des Sängers schwankte. »Ich denke mir, die beiden Berufe sind einander ziemlich ähnlich. Beide arbeiten dort, wo die anderen Spaß haben ...«

Tod und Verklärung

Anlässlich eines Künstlergespräches in Wien traf ich den betagten italienischen Bariton Aldo Protti. Sein Leib- und Magenthema schienen große, aber verstorbene Kollegen zu sein. Wenn er in seinen Erinnerungen kramte, stieß er immer wieder auf Namen, die sein Gesicht in Trauerfalten legten: »Der große del Monaco ... leider tot ... ach, der wunderbare Bastianini ... gestorben ... Callas, was für eine hinreißende Künstlerin, tot auch sie ...« Bis die Trauersuada mit einem großen, noch lebenden Dirigenten eine unerwartete Wendung fand: »Gianandrea Gavazzeni! Der stirbt nicht mehr ...«

Regieanweisung

Alfred Šramek ist eines der letzten kostbaren Originale des Wiener Ensembles, und das bereits seit Jahrzehnten. 1976 verkörperte er in der »Ariadne«-Premiere unter Karl Böhm den Lakai. Nach der Hauptprobe winkte der zum Granteln neigende Dirigent den jungen Künstler zu sich und schnarrte:

»Sagen S' einmal, ...wie heißen Sie?«

»Šramek, Herr Doktor.«

»Aha. Sagen Sie, was spielen Sie da eigentlich? Sie spielen so, als würd' Sie das alles nix angehen. Was hat Ihnen denn der Regisseur g'sagt?«

»Er hat gesagt, ich soll so spielen, als würde mich das alles nichts angehen!«

Fahrkünste

Der liebe Kammersänger Šramek befleißigt sich bisweilen einer derben Ausdrucksweise, aber auch dafür lieben wir ihn. Die folgende Anekdote würde ich sicher nicht wiedergeben, wenn sie nicht bereits in seiner Anwesenheit (und zu seinem Erstaunen) öffentlich erzählt worden wäre.

Eines Tages war Šramek mit seinem Pkw aus dem heimatlichen Mistelbach unterwegs in die Staatsoper, vor ihm ein Auto, das sich nicht für eine Fahrspur entscheiden konnte. Bei einer Kreuzung kam das unentschlossene Fahrzeug neben dem Šrameks zum Stehen, am Steuer – zufällig – eine Dame. Šramek

brummte unüberhörbar durch das geöffnete Fenster: »Gnä'
Frau, wenn Sie so pudern, wie Sie Auto fahren, wird Ihr Mann
keine Freud' mit Ihnen haben.« Darauf die Dame, mit sichtlich
unbeleidigtem Lächeln: »Aber, aber, Herr Kammersänger ...«
Man tut eben gut daran, Opernfans an jeder Wiener Straßenecke
zu vermuten.

Apropos hohes C

Kehren wir nun wieder zu den Tenören zurück. Der Tenor
braucht kein Apropos, er ist einfach da. Also, apropos hohes C:
Dieser Ton wird ja im Allgemeinen überschätzt. Dennoch wer-
den insbesondere Tenöre an dessen Besitz gemessen. Zwei Ur-
wiener Originale, Karl Terkal und Julius Patzak, hatten ganz verschiedene Zugänge zum hohen C. So meinte der unverwüstliche
Terkal noch in gesegnetem Alter: »I hab' des hohe C noch, aber
I brauch's nimmer!« (Das erinnert frappant an den Ausspruch des
Schauspielers Hans Olden: »Ich hab' die schönsten Beine von
Wien gehabt, ich hab' sie nie gebraucht!«)
 Terkal bekräftigte dieses Selbstbewusstsein einmal beim Urteil
über den Spitzenton eines Kollegen: »So a C hab' i beim Schuach
z'abinden!« Patzak dagegen verweigerte in vorgerückten Jahren
das Einsingen mit der Begründung: »I werd doch mei anziges C
net in der Garderob' lassen!«

Terkal und kein Ende

Terkal-Anekdoten sind in reicher Fülle überliefert; einige davon
müssen hier wiedergegeben werden. So äußerte der von keiner
höheren Schulbildung Beleckte einmal: »Wann i' no dreimal die
›Carmina burana‹ sing', hab' i' die Lateinmatura!«

Tenöre und andere Ausnahmen

Heinz Zednik ist der genussvollste Terkal-Anekdoten-Erzähler überhaupt. (Leider kann die perfekt imitierte Fistelstimme und der sanfte S-Fehler, auf die sich Heinz versteht, auf einer Buchseite nicht wiedergegeben werden.) Ihm verdanke ich unter anderem folgende Geschichten:

Bei der ersten Aufnahmesitzung zu »Rosenkavalier« versammelte sich das Ensemble in Erwartung Herbert von Karajans im Studio – schließlich erschien der Maestro und drückte allen nacheinander die Hand: Anna Tomowa-Sintow, Kurt Moll, Agnes Baltsa, Janet Perry, bis hinunter zum letzten Nebendarsteller. An Karl Terkal, der dem kleinen, aber wichtigen Auftritt des Wirts seine Stimme leihen sollte, schritt Karajan gedankenverloren, aber ohne böse Absicht vorbei. Darauf der Tenor vernehmlich (er konnte wohl gar nicht wirklich leise sprechen): »Hätt' mi' aa grüß'n können …«.

Als wenige Tage später die Szene des Wirten eingespielt wurde, schmetterte Karl Terkal ein monumentales hohes B bei den Worten »… die Frau Fürstin Feeeeeldmarschall«.

Karajan klopfte ab: »Das B bitte kurz. Feldmarschall, nicht Feeeeeldmarschall.«

Terkal versuchte es erneut, das glücklich erreichte B wollte nicht kürzer werden.

»Kurz, habe ich gesagt«, schnarrte Karajan, schon etwas indigniert. »Noch einmal!«

Terkal: »… die Frau Fürstin Feeeeeldmarschall«.

Karajan (zum Konzertmeister): »Wer ist dieser Mann?« (Er kannte ihn natürlich genau.)

Der Konzertmeister, flüsternd und sich halb vom Pult erhebend: »Der Kammersänger Terkal, bitteschön.«

Karajan: »Also noch mal!«

Terkal: »… die Frau Fürstin Feeeeeldmarschall« …

– 62 –

Wie Karajan schließlich seinen Willen bekam, weiß ich nicht zu berichten. Doch Terkal wandte sich nach der anstrengenden Aufnahmesitzung an den Kollegen Heinz Zednik: »Hast g'hört? Er hat's net haben wollen.« Zednik: »Was denn, Karl?« – »Des Bää [er meinte das hohe B].« Und, nach längerem Sinnen und Beschwichtigungsversuchen durch Zednik: »Grüßen tuat er mi' net. Des Bää will er net. I' glaub, i' schmeiß eam alles hin. I' hab eh Zucker …« Terkal blieb, und sein Wirt ist auch in Karajans Einspielung großartig.

Gastspiele

Vereint fuhren Terkal und Zednik auch auf eine Tournee nach Moskau. Als die Einzelzimmer bezogen waren, stürzte Terkal zu dem Kollegen herein, erblickte im Raum ein TV-Gerät und rief: »Heinzi, tausch' mer Zimmer? I hab' ka Television.« Darauf Zednik: »Aber Karli, wozu brauchst du denn ein Fernsehen, kannst doch eh nicht Russisch.« Terkal erwies sich als Meister der prägnanten Replik, die in zwei Worten alles aufklärte: »Sport, Trottel!«

Ein andermal ging es auf Gastspiel nach Stuttgart. Nach der Vorstellung wurde das Staatsopern-Ensemble, an der Spitze der (nicht nur) von Terkal verehrte Eberhard Waechter, zu einem Empfang in ein feines Restaurant geladen. Stuttgarter Honoratioren im Smoking gaben einander das Rednermikrofon in die Hand, einer pries wortreich die erlesene Künstlerschar aus Wien. Terkal trompetete in die ergriffen-gelangweilte Stille: »Do bin i aa dabei!«

Etwas später, die Stimmung war schon etwas befeuchtet, wollte es sich Terkal nicht nehmen lassen, seinem geliebten Eberhard Waechter einen Witz zu erzählen. Allerdings saß dieser am ande-

– 63 –

ren Ende des Bankett-Tisches und war ins Gespräch mit einem geistlichen Würdenträger vertieft. Also plärrte Terkal mit voller Kraft: »Eberhard, kennst den Witz von die zwa Huren ...« Waechter brachte den Freund mit einer bezwingenden Armbewegung zum Schweigen und hörte die Pointe etwas später unter vier Augen an.

Ehrlich währt am längsten

Oskar Czerwenka, ein großartiger Sänger, hoch talentierter Maler und urkomischer Zeitgenosse, muss hier erwähnt werden – mit nur drei kurzen Geschichtchen, wobei es sicher deren dreihundert erzählenswerte gibt.

In einer Gehaltsverhandlung mit Volksoperndirektor Salmhofer behielt der Bass das letzte Wort, indem er auf die rhetorischen Finten Salmhofers (»Was soll ich Ihnen geben, Ihre Stimm' is' ja unbezahlbar!«) lapidar antwortete: »Dann lass' mer's, ich kann auch in andere Ortschaften auftreten.«

Einem Tenorkollegen, der ihn mit hochgespannter Stimme lautstark ansprach, beschied Czerwenka einmal, ebenso trocken: »Sing di' net ein, wannst mit mir redst.«

Die Perle unter den Czerwenka-Aussprüchen jedoch berichtet Heinz Zednik. Mit seinen Auftritten als Loge und Mime bei Patrice Chéreaus »Jahrhundertring« in Bayreuth avancierte der junge Tenor schlagartig zum internationalen Star. Entsprechend umfangreich die Gratulantenschar, darunter viele, die Zednik bis dahin gering geschätzt oder kaum beachtet hatten. Wie ehrlich und tief empfunden es bei den Glückwünschen zuging, sei also dahingestellt. Grundehrlich allerdings der Kommentar Oskar Czerwenkas, der dem Shooting Star augenzwinkernd zuraunte: »Gell, Burli, jetzt können s' dich alle am Arsch lecken!«

Sind Sie irgendjemand?

Der Tenor Waldemar Kmentt wurde einmal auf dem Wiener Flughafen von einem Musenfreund angesprochen. Vorsichtig, im vollen Bewusstsein eine Opernberühmtheit vor sich zu haben, näherte sich der Mann: »'tschuldigung, san Sie net der Kammersänger Kunz?« Kmentt verneinte freundlich, der Mann versuchte es noch einmal: »Mei Frau wisset's … Sie san der Kammersänger Berry.« Kmentt schüttelte wieder den Kopf und klärte den Fan auf: »Mein Name ist Kmentt.« Darauf murmelte der Mann: »Oh, Entschuldigung«, und entfernte sich.

Dazu passt die Geschichte meines Freundes Jerry Rosen, der vor einer erfolgreichen Karriere als Geschäftsmann mehrere Jahre als Sänger gearbeitet hat. Nach einer Broadway-Show, in der er mitwirkte und in welcher der junge Anthony Perkins der Star war, verließ Jerry den Bühneneingang und landete in einer Traube blutjunger Perkins-Verehrerinnen. Eine stürmte auf ihn zu und platzte heraus: »Sind Sie irgendjemand?«, was auf Englisch noch viel besser klingt: »Are you anybody?«

Eine ähnliche Frage blieb auch dem berühmten Tenor Thomas Moser nicht erspart. Bei einer Einladung der Fotografen-Legende Lilian Fayer traf er auf Elisabeth Schwarzkopf. Er huldigte ihr mit den Worten: »Gnädige Frau, Ihre wunderbaren Schallplatten-Aufnahmen sind schuld daran, dass ich Sänger geworden bin.« Die Hochbetagte gab unter huldvollem Nicken zurück: »Das freut mich. Und wer sind Sie?«

Animositäten bei der Strauss-Feier

Die Schwarzkopf war unbestritten als legendäre Interpretin, weniger unbestritten jedoch als Sympathieträgerin. Gerade in reifen

– 65 –

Jahren, die bei anderen eine Periode altersweiser Güte darstellen, profilierte sie sich lieber als abweisend. Bei einer Veranstaltung im Wiener Volkstheater zum 50. Todestag von Richard Strauss im September 1999 hatte ich die Ehre, mit der Schwarzkopf und anderen Größen verflossener Jahre (darunter die Damen Jurinac und Ludwig, die Herren Berry und Edelmann) auf einer Bühne zu sitzen. Als musikalische Einlage war Angelika Kirchschlager vorgesehen, die direkt von einer Probe in der Staatsoper ins Volkstheater eilte und mit hinreißendem Charme ein paar Strauss-Lieder vortrug. Was ich nicht wusste, war, dass Angelika vor Kurzem in einem Interview etwas abfällig über die klinische Kälte von Schwarzkopfs Interpretationen gesprochen hatte. Die Kritisierte aber wusste es sehr wohl. Als die junge Mezzosopranistin auf die Bühne trat, wandte sich die bejahrte Diva demonstrativ ab, spendete keinen Applaus, ließ dafür während des Singens der Kollegin immer wieder abfällige Laute hören. Dies fiel nicht nur mir als Schwarzkopfs Sitznachbar, sondern auch dem anwesenden Publikum und der Kirchschlager auf – wir alle waren nicht sehr angetan von diesem respektlosen Verhalten einer Respekt einflößenden Dame.

Als die Veranstaltung schließlich beendet war und die Mitwirkenden zum Applaus an die Rampe traten, strauchelte Elisabeth Schwarzkopf. Ich streckte die Arme aus und fing die Last historischer Größe auf. Nachher fragte mich mehr als eine Person: »Warum hast du sie nicht fallen lassen?« Nein, das wäre denn doch nicht gegangen ...

»Pupperl, magst in die Staatsoper?«

Was gibt es Spannenderes, als bei der Geburt eines Stars dabei zu sein? Noch dazu, wenn es sich um eine »alte« Bekannte handelt. Mit Angelika Kirchschlager hatte ich gemeinsam die

Studienbank gedrückt, zu einer Zeit, als sie noch nicht wusste, ob aus ihr eine Schlagzeugerin, eine Musikwissenschaftlerin oder doch eine Sängerin werden sollte.

Gut, dass sie Letzteres wurde, 1994 ein Engagement an die Staatsoper antrat und beim Japan-Gastspiel im September desselben Jahres von Claudio Abbado entdeckt wurde. Die Kunde von ihrem erfolgreichen Auftritt als Cherubino in »Le nozze di Figaro« drang bis nach Wien, wo die »KronenZeitung« in gewohnt burschikoser Art den neuen Liebling präsentierte. Der Vizedirektor der Volksoper, Robert Herzl, hätte laut diesem Artikel zu dem Volksopernmitglied Kirchschlager gesagt: »Pupperl, magst in die Staatsoper?« – und so lautete auch die Schlagzeile des Berichts. Als man der jungen Künstlerin aus Wien mitten in der japanischen Nacht den Artikel faxte, rief sie mich umgehend in meinem Hotelzimmer an. Aus süßen Träumen geweckt, lauschte ich verdattert ihren empörten Klagen über den niveaulosen Bericht, den ich nie gesehen hatte. Aber als Pressechef des Gastspiels musste ich wohl oder übel die nächtliche Klage anhören. Geschadet hat die Schlagzeile der Kirchschlager jedenfalls nicht.

Wenig, aber oho!

Wie presse-betreut man ein Japan-Gastspiel der Staatsoper? Es fällt leichter, wenn heimische Kulturjournalisten mitreisen. Dies war – aus Ersparnisgründen, die ich heute nicht mehr nachvollziehen kann – 1994 nicht der Fall. Immerhin waren zwei Wiener Gesellschaftsjournalisten, Roman Schließer und Ro Raftl, vor Ort. Ich pendelte zwischen den beiden und sog mir immer neue Society-Wuchteln aus den Fingern. Etwa diese: Drei italienische Sänger – Ruggero Raimondi, Lucio Gallo und Ildebrando

Tenöre und andere Ausnahmen

d'Arcangelo – finden bei einem Tokyoter Marktstand eine Melone, die 200 Schilling kostet, singen ein obszönes (aber für Japaner unverständliches) G'stanzl über Melonen und werden in diesem feierlichen Augenblick abgelichtet … Bald waren meine Finger leergesogen.

Entmutigt trat ich eines Frühstücks zur erwartungsvoll dreinblickenden Ro Raftl und gestand: »Ro, ich weiß leider gar nix mehr.« Darauf sie: »Geh zum Heinzi Zednik, der hat immer etwas Lustiges!« Ich ging zu Heinzi Zednik, der ebenfalls im Frühstücksraum des New Takanawa Prince Hotel saß und nicht beim Studium seiner Zeitung gestört werden wollte. Ich tat es dennoch. »Weißt du was für Ro Raftl?« Er murmelte, ohne aufzublicken: »Sie soll einfach schreiben: ›Gevögelt wird wenig.‹« Das war nun gar nicht hilfreich. Ich rapportierte Ro das Unzitierbare, nicht ohne den Nachsatz: »Aber das wirst du doch wohl nicht schreiben, oder?« Ro beteuerte: »Natürlich nicht!« Kurzum, am folgenden Tag stand im »Kurier« eine muntere Geschichte von sich anbahnenden Liebesgeschichten beim Japan-Gastspiel, gekrönt von dem Satz: »… geschnackselt wird wenig.«

Heinz Zedniks Frau Christel rief mich alarmiert aus Wien an: »Sag einmal, was ist denn bei euch los?« Ich konnte sie beschwichtigen; immerhin hatte ihr Ehemann geäußert, es werde wenig … und nicht viel …

Diese Zeitungsmeldung war vielleicht keine geschmackliche Glanzleistung, aber ich schwöre: Ab diesem Tag wusste ganz Österreich, dass sich die Staatsoper auf Japan-Tournee befand!

Noch weitere Japan-Geschichten werden (im Kapitel für die Unheilbaren) zu erzählen sein. Vorläufig aber wollen wir wieder die Wiener Bühnen aufsuchen.

Das nenne ich Grandezza

Im Herbst 2006 kehrte Dagmar Koller für eine »Broadway-Gala« an die Volksoper zurück. Sie sang – wie es sich gehört, möchte man fast sagen – den Titel-Schlager aus »Hello, Dolly!« und Stephen Sondheims »Send in The Clowns«. Natürlich war auch eine Orchesterprobe für sie angesetzt, bei der sie pünktlich und wohlgelaunt erschien. Als der Dirigent (mein Freund David Levi) in absoluter Stille den Taktstock zum Einsatz hob, ertönte plötzlich ein sehr lautes Handy-Klingeln. Es handelte sich um das Telefon Dagmar Kollers. Sie stapfte in zorniger Anmut zu ihrer Handtasche, holte das schellende Corpus delicti hervor und schaltete es mit großer Geste aus. Dann kehrte sie zu ihrem Platz zurück und erklärte indigniert: »Eigentlich eine Frechheit. Die Leute wissen doch, dass ich probe!«

Nennt das jemand Chuzpe? Ich nenne es Grandezza.

Zwischenruf

Die überwältigende Irmgard Seefried habe ich leider nicht mehr aktiv erlebt, aber bei einem ihr gewidmeten Künstlergespräch im Theater an der Wien. Selbstredend war der Saal zum Bersten mit Verehrern der temperamentvollen Künstlerin gefüllt, die da aus ihrem Leben plauderte und auch ihre Zusammenarbeit mit George London ansprach. In besonders leuchtenden Farben schilderte sie seine Interpretation des Don Giovanni. »Wie er da so auf mich zukam, mit den schönen Wadeln, und mich so angeschaut hat, … und dann hat er auch noch zu singen begonnen, …« – mit immer größerer Leidenschaft steigerte sich die Kammersängerin in ihren Bericht hinein – »… da hat man verstanden, wie er's macht …« In den folgenden Moment einer Pause hinein erscholl die fröhliche Stimme von Erich Kunz:»Irmi, dein Mann is' im Publikum!«

Diva Jessye

Zwei wunderbare Anekdoten über die in jeder Hinsicht große Jessye Norman verdanke ich dem Dirigenten Zubin Mehta. Auf einem Flug nach Turin kamen wir nebeneinander zu sitzen, und der joviale indische Maestro erzählte:

Am Abend nach einem umjubelten Konzert, das Jessye Norman mit Kathleen Battle in Paris gegeben hatte, nahmen die Künstlerinnen an einem Empfang teil. Einer der Anwesenden hatte die Zeitungen des folgenden Tages bei sich, in denen sich die Kritiker in Lobeshymnen über das Konzert überboten. Eine Schlagzeile lautete:»Zwei schwarze Sängerinnen erobern Paris!« Kathleen Battle konnte sich nicht mit freuen, denn sie hasste es, als »schwarz« tituliert zu werden. Wütend schleuderte sie die Zeitung auf den Boden und stürmte aus dem Raum. Die Norman nahm das Blatt auf, las nach und meinte lächelnd:»Well, somebody had to tell her!« (»Nun, irgendjemand musste es ihr ja sagen …«)

Das andere Ereignis hatte Zubin Mehta hautnah miterlebt: Ein Arienkonzert der Norman unter der Leitung des indischen Pultstars in Tel Aviv, das endlose Begeisterungsstürme auslöste. Das Publikum erzwang immer weitere Encores, bis keine Zugaben mehr vorrätig waren. Neben der Bühne meinte die Diva zu Mehta, sie würde als definitiven Abschluss ein Spiritual a cappella vortragen, schwebte hinaus und intonierte mit volltönender Stimme:»Were you there when they crucified my Lord?« Trotz wunderbarer Interpretation blieb der Applaus verhalten und verebbte rasch. Jessye Norman kehrte tiefunglücklich zurück. Mehta fragte:»Jessye, warum gerade dieser Song?« Sie meinte, es wäre ihr bereits im ersten Takt aufgefallen, aber sie hätte nun einmal nicht abbrechen können. Darum hatte sie soeben das ehrenwerte jüdische Publikum mehrmals eindringlich befragt, ob es bei der Kreuzigung »meines Herrn« dabei gewesen sei …

Der ohnmächtige Tenor

Der erwähnte Turin-Flug führte Maestro Mehta und mich übrigens zu einer Vorstellung der raren Verdi-Oper »Jérusalem«. Ruggero Raimondi verkörperte den Bösewicht Roger, an den Namen des Tenors kann ich mich beim besten Willen nicht erinnern, obwohl er zum tragikomischen Zentrum der Aufführung werden sollte. Gegen Ende des ersten Teils sank besagter Tenor langsam, aber beharrlich zu Boden, was überhaupt nicht zu dem fröhlichen Liebesduett passte, in das er gerade verwickelt war. In der Pause ging ich hinter die Bühne, um Ruggero Raimondi zu besuchen. Dort herrschte helle Aufregung: Das Niedersinken des Tenors war nämlich kein unpassender Regieeinfall gewesen, sondern ein ungeprobter Schwächeanfall. Ich öffnete gerade Raimondis Garderobentür, als ein erregter Herr vorbeiflog und rief: »Il tenore è svenuto nel suo camerino!« (»Der Tenor ist in seiner Garderobe in Ohnmacht gefallen!«) Raimondi, ungerührt von der Alarmstimmung, intonierte mit wohlklingendem Bass: »In camerino qualche cosa è svenuta« – die launige Abwandlung einer Textzeile des Grafen aus »Le nozze di Figaro«, als dieser ein verdächtiges Geräusch aus dem Nebenzimmer hört: »In camerino qualche cosa è caduta!« (»In der Kammer ist etwas heruntergefallen!«)

Dass »der Tenor« vorübergehend die Besinnung verloren hatte, erfuhr das Publikum nach der Pause von dem erregten Herrn, der nun würdevoll an die Rampe trat. Den Namen des Ohnmächtigen hingegen verschwieg er (hatte er ihn auch ver-

Tenöre und andere Ausnahmen

gessen?) – es war nur von »il tenore« die Rede, der immerhin bereit war, heldenhaft weiterzusingen.

Das Finale geriet durch diesen Ausnahmezustand eher verwirrend: Während der Bösewicht Roger in der rechten Bühnenhälfte sein Leben auszuhauchen hatte, sank »il tenore« seinem Gesundheitszustand entsprechend (aber gegen den Inhalt des Stückes, das ihn als triumphierenden Überlebenden sieht) auf der linken Seite symmetrisch nieder. Unter Jubelgesängen der Sopranistin über ihr Liebesglück schien nun auch »il tenore« seinen Atem auszuhauchen. Als der Vorhang fiel, hatte niemand das Stück verstanden.

Das steife Genick

Sänger-Erkrankungen amüsieren erst in der Rückschau; im Moment, da sie auftauchen, können sie albtraumhafte Dimensionen annehmen. Beginnen wir aber mit einem vergleichsweise bescheidenen Zwischenfall, der sich an der Volksoper zugetragen hat.

Knapp vor einer »Hänsel und Gretel«-Vorstellung wurde ich in die Garderobe des Baritons K. gerufen. Er leide unter einem steifen Genick, beschied er mir, und wünsche eine Ansage. Auf meine Frage, wo das Leiden herstamme, erklärte K., er hätte am Vortag Kopfweh gehabt, ein Freund habe ihm geraten, sich auf den Kopf zu stellen, dann vergehe der Schmerz. Beim Kopfstand aber war K. umgeknickt und hatte sich besagte Genickstarre zugezogen. Was ich dem Publikum da mitteilen solle, wollte ich wissen. »Sagen Sie einfach, ich spiele heute etwas steif, weil ich mich nicht bewegen kann.« Ich weigerte mich: »Lieber K., Sie spielen immer steif. Was soll ich dem Publikum sagen, wenn Sie wieder gesund sind?«

Die Ansage fand nicht statt.

»Tosca« ohne Shicoff

Neil Shicoff ist ein wunderbarer Mensch – wenn man gute Nerven hat. Er galt einst als einer der allerschlimmsten Absager überhaupt, hat sich dann deutlich gebessert und wurde ein durchschnittlicher Absager.

In einer »Tosca«-Vorstellung mit Shicoff (ich war dazumal noch kein Angestellter der Staatsoper) wurde ich Zeuge einer besonders langen Pause. Nachdem das Publikum wieder in den Saal geläutet worden war, trat Rudolf Berger, damaliger Chefdisponent der Staatsoper und später mein Chef als Volksopern-Direktor, vor den Vorhang und erklärte mit mühsam gebändigtem Zorn, dass Herr Shicoff das Haus verlassen und das Auffinden eines Ersatz-Tenors längere Zeit in Anspruch genommen hätte; nun aber konnte die Vorstellung mit Keith Ikaia-Purdy in der Rolle des Cavaradossi fortgesetzt werden.

Ein andermal, Shicoff war wieder als Cavaradossi angesetzt, ich war bereits der für Ansagen aller Art prädestinierte Angestellte der Staatsoper, geschah die Absage nicht während, sondern knapp vor der Vorstellung. Zu Beginn hatte man darum einen Tenor in petto; das Publikum würde allerdings nicht zufrieden sein, die Tosca des Abends war sogar stinksauer. Es handelte sich um die großartige Mara Zampieri, nicht nur auf, sondern auch hinter der Bühne ein Vulkan. Ich stand also hinter dem Vorhang bereit, den vollen Saal mit meiner Ansage zu enttäuschen, trug auch schon das kleine Ansteckmikrofon an der Brust. Knapp bevor der Vorhang für mein Durchtreten gelüftet wurde, schoss die Zampieri wie eine Furie auf mich zu und rief: »Dici al pubblico che Shicoff ha un cazzo così!«, wobei sie auf das nicht mehr als zentimetergroße technische Gerät auf meinem Revers zeigte. Damit meinte sie natürlich nicht, dass die Größe von Neil

– 73 –

Das Aussehen von Opern-Diven entspricht oft nicht ihrer künstlerischen Wirkung auf das Publikum.

Shicoffs Geschlechtsorgan jener des Ansteckmikros entsprach (woher hätte sie das auch wissen sollen), sondern dass sie ihn für feige hielt. Ich zog es vor, die Absage mit einer Halsentzündung zu begründen.

Wir retten den Star

Shicoff, einer der expressivsten Sängerschauspieler unserer Zeit, ist nicht fähig, die dafür nötige Energie ganz aus sich selbst zu schöpfen. Das weckt vampirische Reflexe in ihm. Bevorzugte Opfer waren der souveräne Hals-Nasen-Ohren-Arzt Reinhard Kürsten, der Shicoff-Vorstellungen grundsätzlich in der Tenor-Garderobe verbrachte, oder der Souffleur Winfried Stelzmüller. Mehr als einmal schwang sich Neil mit dem Stoßseufzer »Stelzi, save me!« auf die Bühne.

Doch auch ich hatte wiederholt die Ehre, den Startenor zu retten. Die Rolle des Ernani in Verdis gleichnamiger Oper etwa machte Shicoff einige Mühe. Bei einer Probe warf er seine Evian-Flasche mit voller Wucht gegen die Wand; sie sprang zurück auf die Hand des Tenors und verursachte eine Fingerprellung, die fast zur Abreise des unglücklichen Opfers geführt hätte.

Nach Wochen der Proben und des guten Zuredens war plötzlich ich krank. Am Tage der Premiere konnte ich kaum aus den Augen sehen – eine schwere Grippe hatte mich überfallen. Shicoff, der vor der Premiere eine Ansage wünschte, erfuhr von meiner Krankheit, empfing mich zwar aus Gründen der Ansteckungsgefahr nicht, ließ mir aber ausrichten, dass ich und niemand anderer der Ansager seines Vertrauens war. Ich hielt also bis Vorstellungsbeginn durch, schleppte mich fröstelnd auf die Bühne, vermeldete, dass der Tenor nicht ganz gesund, aber trotzdem bereit war … etc. Die nächsten vierundzwanzig Stunden verbrachte ich im Bett und erfuhr bei meiner Rückkunft in die Staatsoper, dass Neil Shicoff eine ganz ausgezeichnete »Ernani«-Premiere gesungen hatte.

Shicoffs Eléazar (in Halévys »La Juive«) war eines der grandiosesten Rollenporträts, die ich jemals auf einer Bühne gesehen hatte. Doch gerade diese Lebensrolle war mit enormen Selbstzweifeln und Seelenqualen erkauft. Wobei mein Anteil an der Qualenlinderung kostenlos war. Mehr als einmal saß ich nach »La Juive« in Neils Garderobe und lauschte seinen mentalen und vokalen Problemen mit dem Eléazar (dies sei genau die Art von Jude, vor dem ihn seine Mutter gewarnt hätte etc.), bis der diensthabende Feuerwehrmann uns höflich zum Verlassen der Staatsoper aufforderte; meinen Blick ließ ich dabei manchmal über das prall gefüllte Briefkuvert gleiten, in dem die stolze Gage des Stars aufbewahrt war … mit nur einem Prozent Beteiligung

Neil Shicoff lauscht mir, nicht eben zum Äußersten gespannt, bei der »Juive«-Matinee.

am Abendhonorar hätte ich Shicoffs Leiden vielleicht noch enthusiastischer mitgetragen!

Blut, Bellen, Bisse

Ein anderer großer Leidender an seinem Talent war der Tenor Franco Corelli gewesen. Ich hatte nicht mehr das Glück, ihn auf der Bühne singen zu hören. Aber ich begegnete ihm, als er 1989 zu einem Künstlergespräch das Auditorium der Staatsoper füllte. Trotz vorgerückten Alters war er immer noch ein attraktiver, großer, athletischer Herr, der mit eigenartig schnarrender Sprechstimme aus seinem Leben erzählte. Der Interviewer Peter Dusek (den ich stark um diese Gelegenheit beneidete) versuchte der lebenden Legende zu entlocken, ob all die Geschichten wirklich stimmen: z. B. die schönste von allen, dass er Birgit Nilsson einst ins Ohr

Von der Kunst des Singens

gebissen hätte, nachdem sie in »Turandot« einen gemeinsamen Ton länger ausgehalten hatte? Nein, aber von der Bühne ist er wütend abgegangen, hat dort auf den Tisch geschlagen, sich dabei einen Span ins Fleisch getrieben. Unter dem Wehklagen von Frau Corelli und dem Bellkonzert des gemeinsamen Pudels verband der Blutende seine Wunde notdürftig, fest entschlossen, für heute nicht mehr auf die Bühne zurückzukehren; und in diesem Moment trat Met-Direktor Rudolf Bing ein, der Corelli mit eben dieser spaßigen Empfehlung dem Abendpublikum zurückgab: »Beiß doch die Nilsson beim Liebesduett ins Ohr, dann hast du deine Rache!«

Ein sonorer Vorbote

Keine Namen weiß ich zu der folgenden Anekdote – und müsste sie wohl auch verschweigen, wenn sie mir bekannt wären.

Wenn in Beethovens »Fidelio« Rocco dem halbtoten Häftling Florestan das Grab in der Zisterne geschaufelt hat, muss er mittels eines Pfeif-Signals den Gefängnisdirektor Pizarro verständigen. Der arme Gefangene schreckt dann hoch mit der scharfsichtigen Bemerkung: »Ist das der Vorbote meines Todes?«

Bei einer »Fidelio«-Aufführung in der Provinz begab es sich, dass die Trillerpfeife, die Rocco aus der Tasche fischte, durch ein Stoff-Flankerl (ich weiß, in Deutschland nennt man das anders) verstopft war. Durch mächtiges Blasen wollte der Rocco-Darsteller der Pfeife einen Ton entlocken, produzierte durch die Anstrengung aber seinerseits ein sonores Geräusch in der unteren Körperhälfte. Florestan konnte dies nicht für ein Pfeifen halten, reagierte aber dennoch geistesgegenwärtig mit seinem Text: »Ist das der Vorbote meines Todes?«

Die Heiterkeit im Saale hielt bis zum glücklichen Ausgang des Werkes unvermindert an.

Es ist Zeit für ... was eigentlich?

Eine kleine Sprechrolle in Jules Massenets »Manon« besteht aus dem Satz: »Messieurs, c'est temps pour votre souper!« (»Meine Herren, es ist Zeit für Ihr Nachtmahl!«) Eines Abends erschien die mit dieser Aufgabe betraute Chorsolistin auf der Bühne, ohne einen Funken der Erinnerung, wofür es denn nun Zeit war. In Textnöten stammelte sie: »Messieurs, c'est temps pour votre …suppo, sito …« und suchte wieder das Weite. Der französische Dirigent Claude Schnitzler eröffnete ihr nach der Vorstellung, immer noch schmunzelnd: »Was Sie da gesagt haben, klang ganz nach ›suppositoire‹.« Also hatte die Dame den Anwesenden verkündet, es sei Zeit fürs Analzäpfchen …

Allzumempfliches

»The show must go on«, so die Faustregel, auch wenn das Stichwort (oder das Pfeifsignal) nicht ganz stimmt. Wenn sich Sarastro in der »Zauberflöte« mit seinen Priestern berät, gibt es bekanntermaßen Diskussionen, was die Qualifikation Taminos für höhere Weihen betrifft. Wenn der Priester zu bedenken gibt, Tamino sei Prinz, wäre den Anforderungen also vielleicht nicht gewachsen, wischt Sarastro den Einwand mit den Worten weg: »Mehr noch: er ist Mensch.«

Ein englischsprachiger Darsteller des Priesters hatte wohl eine Sprachstunde ausgelassen, weshalb er bei einer Aufführung zu Protokoll gab: »Bedenke, er ist Primpf.« Der deutschsprachige Sarastro antwortete genüsslich: »Mehr noch, er ist Mempf.«

Und das ist doch ein taugliches Schlusswort für dieses Kapitel. Denn: Star hin oder her, Mempfen sind wir schließlich alle.

Es kann nur eine(n) geben

Auch Regisseure und Intendanten sind
so etwas wie Künstler

Das Wort »régisseur« ist französisch und bedeutet »(Guts-)-Verwalter«. Natürlich gibt es auch auf den Bühnen der Grande Nation das, was wir Regie nennen – es heißt »mise en scène«.

Unbeschadet der Tatsache, dass wir uns offenbar das falsche Wort ausgeborgt haben, ist der Berufsstand wichtig für das Theater. Und sei es auch nur, um in konservativen Kreisen Dampf abzulassen. Schimpfen auf Regisseure (und, Inbegriff des Schreckens! auf das »Regietheater«) gehört zur hygienischen Routine mancher – in Wien besonders reinlichen – Kartenkäufer.

Der geliebte Marcel Prawy hat nicht nur Liebeswertes getan. In seiner Autobiographie etwa notierte er den Satz: »Regietheater ist das AIDS der Oper.« Der englische Regisseur (recte: »stage director«, aber stiften wir keine babylonischen Zustände) David Pountney hat mich einmal wütend für diesen Satz attackiert. Ihm musste offenbar die falsche Information gegeben worden sein, ich sei Prawys »Ghostwriter«.

Ich teile den AIDS-Standpunkt gewiss nicht. Theater ohne Regie ist mir ebenso unangenehm wie aktiv schlechte Inszenierungen (die gibt es, um bei der Wahrheit zu bleiben, nämlich auch). Jedenfalls muss es in der Entstehung einer Musiktheater-Produktion neben dem musikalisch Verantwortlichen auch einen (oder eine) geben, der alle szenischen Abläufe entwirft, in Gang setzt

– 79 –

und koordiniert. In Abwesenheit einer solchen Persönlichkeit müssen wir das Dargebotene für CD-Sitzungen (oder -Stehungen) halten. Das kann sehr spannend sein – ich war in den siebziger Jahren im Konzerthaus bei einer Aufnahme von Verdis »Stiffelio« mit José Carreras anwesend und habe bewundert, wie hoch er die Hände in die Luft strecken konnte, um sie nur abzusenken, wenn er nach dem bereitgestellten Glas kalter Milch griff. Wenn das Ganze aber ohne Aufnahmegerät und im Kostüm abläuft, muss man sich schon fragen, wo man da hineingeraten ist.

Also: Verachtet mir die Regisseure (und Regisseurinnen) nicht! Und wenn wir auch zutiefst an demokratische Herrschaftsformen glauben, müssen wir dem Inszenator doch eine gewisse diktatorische Macht zuerkennen. Wenn etwas (oder mehr als etwas) nicht funktioniert, kriegt ohnehin er die Buhs – und manchmal kriegt er sie auch, wenn er großartige Arbeit geleistet hat. Dasselbe (nämlich das Recht auf Machtanspruch samt gerechtfertigten oder ungerechtfertigten Buhs) gilt für den Theaterleiter. Unter Benützung eines Filmtitels könnte man sagen: »Highlander – es kann nur einen geben«, und in Abwandlung desselben: »Holender – es kann nur einen geben«.

Zu dem Wiener Langzeitdirektor kommen wir aber erst später wieder; »kucken« wir uns doch erst ein paar Vertreter des spielleiterischen Berufsstandes an.

Kuck mal!

Marco Arturo Marelli ist ein höchst geschmackvoller Mann, der in meiner Anwesenheit noch nie einen Misserfolg erlebt hat (und sonst wahrscheinlich auch nicht). Er entwirft seine eigenen Bühnenräume, er denkt in Bildern, allerdings auf nicht immer nach-

Auch Regisseure und Intendanten sind so etwas wie Künstler

Ein Ausstatterregisseur benötigt manchmal eine dritte Hand: Marco Arturo Marelli.

vollziehbaren Pfaden. Er weiß, was er will, auch wenn er es im ersten Anlauf nicht immer mitteilen kann.

Der Staatsopern-Regieassistent Werner Lahnsteiner hat ein dickes Heft mit »Marellismen« vollgeschrieben, also Regieanweisungen, die auf den ersten Blick des Sinnes entbehren. Ich entsinne mich leider nur mehr eines Ausspruches, der bei der prächtigen Produktion von »Jakobsleiter« und »Gianni Schicchi« fiel und in der Staatsoper sofort den Status eines geflügelten Wortes erhielt. Um dem Chor mitzuteilen, er möge sich bemühen, nicht in eine gewisse Richtung zu schauen, rief Marelli: »Ihr müsst kucken, dass ihr nicht kuckt!«

Im Kampf mit dem Urgestein

An dem Bass Franz Hawlata biss sich Marelli die Zähne aus. Die beiden konnten zusammen nicht kommen, die geologischen Kontraste zwischen der sanft gewellten Schweizer Löss-Formation Marelli und dem bayerischen Urgestein Hawlata ließen ständig größere und kleinere Erdbeben ausbrechen. Jeder hielt den anderen für mangelhaft vorbereitet und zeigte dies auf seine Art. Marelli eher mit hyperventilierendem Kopfschütteln, Franz mit derben Sprüchen. Als Marelli ankündigte, dass er am bevorstehenden Donnerstag früher von der Probe wegmüsste, fragte Hawlata mit unüberhörbarem Bass: »Wieso? Ist da Regiekurs auf der Volkshochschule?«

Urgestein vs. Neuenfels

Ebenso wenig schüchtern zeigte sich Franz Hawlata gegenüber Hans Neuenfels. Die kettenrauchende (und, sollte es das geben, auch kettentrinkende) Regie-Legende war in Wien angetreten, um Meyerbeers »Prophète« neues Bühnenleben einzuhauchen. Warum in dieser Inszenierung die meiste Zeit drei Affen über die Bühne hopsten, verstanden weder Plácido Domingo noch Agnes Baltsa, doch sie versuchten, das Beste daraus zu machen. Franz war einer der drei Wiedertäufer und trug deshalb logischerweise eine neonfarbene Punkfrisur. Allein: Hans Neuenfels konnte sich den Namen des jungen Bassisten nicht merken. »Hawalta« tönte seine kratzig-belegte Stimme ein ums andere Mal, wenn er Anweisungen für ihn hatte. Nachdem einige freundliche Korrekturversuche nichts gefruchtet hatten und dem Franz wieder ein »Hawalta« entgegenrauchte, stemmte der Sänger die Arme in die Hüften und meinte vernehmlich: »Ich heiße Hawlata, ... Herr Felsenstein!«

Alles Liebe

Die hochgradig spannenden Inszenierungen der Christine Mielitz fußen auf ihrem unbezähmbaren Arbeitswillen, der niemanden in ihrem Umfeld schont. Künstler, Assistenten, Technik, alle werden in den Sog der Mielitzschen Gestaltungswut hineingezogen.

Wohl um ihre hohen Ansprüche etwas verdaubarer zu machen, hat sie sich angewöhnt, ihre Mitarbeiter mit zärtlich gemeinten Doppelnamen auszustatten: Wenn man Herr Huber oder Frau Müller heißt, wird man von Mielitz als »Huber-Lieber« oder »Müllerin-Liebe« apostrophiert. In der Hitze des Gefechts entfiel Christine Mielitz einmal der Name eines Statisten, der einen Teppich auf der Bühne zu entrollen hatte. So adressierte sie den Herrn kurzentschlossen als: »Teppich-Lieber!«

Liebesgeschichten – Heiratssachen

Wer sich wirklich dafür interessiert, wie der Regisseur heißt, um den sich die folgende Geschichte dreht, der möge in seiner Erinnerung oder in einem Druckwerk nachschlagen. Ich verrate nur, dass er »Die lustige Witwe« an der Staatsoper inszenierte und im Gegensatz zu manch anderem halbvorbereiteten Regisseur nicht die Gnade hatte, das Stück während der Proben kennenzulernen – er sprach nämlich nicht deutsch. Angelika Kirchschlager sang die Valencienne (ihr hingehauchtes »Ich seh' schon … ich wird' hineingeh'n müssen …« vergisst man nicht so leicht!), und in einer Probenpause trat sie, Arm in Arm mit dem als Cascada mitwirkenden Hans Peter Kammerer vor den Regisseur: »Das ist mein Mann!« Er war es wirklich (Direktor Holender nannte die beiden übrigens stets »Kirchschläger« und

»Kämmerer«), doch im Gesicht des Regisseurs begann die bange Frage, warum Valencienne nicht mit Baron Zeta, sondern mit Cascada verheiratet ist, tiefe Furchen zu ziehen. Er versuchte, nach der Pause, das Paar tatsächlich näher zueinander zu führen, ihm eine gewisse Spannung zu geben ...

Nach dieser Probe hat unser Regisseur wohl nochmals die Inhaltsangabe (in seiner Muttersprache) nachgelesen, denn am folgenden Tag beglückwünschte er Kirchschlager zu ihrer privaten Verbindung und inszenierte sie wieder als Frau des Barons. Dieser wurde übrigens von niemand anderem als Franz Hawlata verkörpert, der sich nur mit Mühe davon abbringen ließ, seiner Rolle den Akzent Ioan Holenders zu verleihen. Es blieb dann bei dem einen oder anderen charakteristischen Ausspruch à la »So kann ich nicht arbeiten«, aber ohne die unverkennbare Färbung.

»Ich kann so nicht«

Dieses Apropos kann ich nicht ungenützt vorbeiziehen lassen. »So kann ich nicht arbeiten« ist in der Tat einer der Lieblingssätze von Ioan Holender. Manchmal erscheint er abgekürzt zu »Ich kann so nicht«, manchmal in Dialogform aufbereitet, gewissermaßen dramatisiert: »Sogar der Springer [Georg, der Bundestheatergeneral] fragt mich: ›Wie kannst du mit diesen Leuten arbeiten?‹«

Als ich bei der Präsentation von Ioan Holenders Memoiren im Wiener Konzerthaus die Ehre hatte, eine kleine Rede zu halten, musste ich auf diesen Standardsatz zurückkommen. Ich brachte mein Erstaunen zum Ausdruck, dass der Erinnerungsband nicht folgenden Titel trug: »So konnte ich nicht arbeiten«.

»Nicht toben heißt loben«

Auch einer, der »so nicht arbeiten« konnte, war Giancarlo del Monaco. Im Frühjahr 1989 hatte ich Gelegenheit, als »Dramaturgiehospitant« seiner Erarbeitung des »Otello« an der Oper Graz beizuwohnen. Eine schwere Hypothek lastete auf dem ganzen Projekt: Dem Sohn eines der bedeutendsten Otello-Darstellers aller Zeiten muss wohl hinter jeder Dekorationswand der mächtige Schatten des Vaters begegnet sein. Mit seiner zwar nicht ausgebildeten, aber sehr imposanten Singstimme bewies der Junior den Akteuren immer wieder, dass man auch in dieser oder jener unmöglichen Position noch Töne produzieren konnte.

Giancarlo hatte kurz davor das Rauchen aufgegeben; eine meiner wichtigsten dramaturgischen Funktionen war es, Zigaretten bei mir zu haben, wenn sich des Regisseurs Lust darauf regte. Ebenfalls nicht unwesentlich für die Erlangung meiner Assistenten-Position war die Tatsache, dass meine damalige, sehr blauäugige Freundin dem Italiener ausnehmend gut gefiel.

Trotz meiner beiden Pluspunkte wurde auch ich bisweilen in Giancarlos Notruf einbezogen, der in Momenten der totalen Krise wie ein Donnerwetter erscholl: »Ich mach' euch alle fertig!« Da wussten wir, dass wir nun sehr behutsam vorgehen mussten, denn der das rief, war selbst am Rande des Nervenzusammenbruches. An diesen Szenen bewahrheitete sich einer der ganz wichtigen Sprüche über regisseurliche und intendantische Autoritäten. Man muss sich nicht jede ihrer Morddrohungen zu Herzen nehmen, man möge von ihnen andererseits keine Herzensergießungen im Falle ihrer Zufriedenheit erwarten, denn: »Nicht toben heißt loben«.

Ge-Schenke

Es gehört wirklich nicht viel dazu, Otto Schenk zu verehren. Er hat mir meine Bundesheer-Zeit versüßt mit seinen kongenialen, komisch-geistreichen Aufnahmen der Texte Alfred Polgars, Ernst Lothars und Christian Morgensterns, er wirkte sich, sei es als Schauspieler oder Opernregisseur, auf fast alle Bereiche meiner Theater-Sozialisation prägend aus.

2008 durfte ich sogar für ihn texten, wovon noch zu berichten sein wird. Und vor nicht allzu langer Zeit kam ich bei einer großen Familienfete gemeinsamer Freunde neben ihm zu sitzen. Die Kinder des Hauses waren zu künstlerischer Produktion aufgerufen, schlugen in Tasten, strichen Saiten, bliesen in Instrumente. Keine der Darbietungen verlief pannenfrei, die Sympathie für die Hausherren und stolzen Großeltern ließ die Gäste freundlich lächelnd darüber hinwegblicken. Als eben wieder ein angeblich von Mozart verfasstes freitonales Werk zum Abschluss gebracht worden war, meinte Otto Schenk, der den Darbietungen mit stoischer Miene lauschte: »Jetzt fehlt nur noch, dass einer jongliert und ihm die Ball'n runterfallen.«

Zweimal erlebte ich Otto Schenk, zutiefst getroffen über das Ableben enger Freunde. Als Eberhard Waechter starb, hatten Schenk und Marcel Prawy noch am selben Vormittag eine Gesprächsmatinee in der Wiener Staatsoper bestritten und beim anschließenden Mittagessen im Hilton Hotel großen Spaß miteinander gehabt. Am selben Nachmittag wurde Staatsoperndirektor Waechter beim Wienerwald-Spaziergang von einem Herzschlag dahingerafft. Wenige Tage später interviewte ich Otto Schenk, damals Josefstadt-Direktor, in seinem Büro. Er war gebrochen, aber auch zornig darüber, dass Eberhard so gemein sein konnte, ihn alleine zu lassen. Auf dem Aufnahmeband akustisch

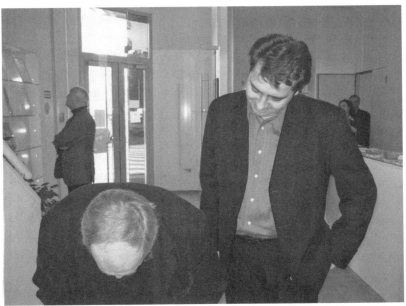

Otto Schenk hat keinen Grund, sich vor mir zu verneigen – aber ich vor ihm! Hier präsentieren wir vergnügt sein Buch, aus dem ich gerne noch viel mehr stehlen würde.

dokumentiert ist der Trost, den er sich (und mir) gönnte: Cognac. Am Beginn des Interviews fragt Schenk noch: »Wollen Sie auch einen«, ich bejahe, man hört das Entkorken einer Flasche und das kurze Plätschern von Hochprozentigem in zwei Gläser. Je länger das Gespräch voranschreitet, desto beschwingter werden die Zungen, und Schenk fragt nicht mehr. Nur mehr ein periodisch wiederkehrendes Entkorken und Plätschern ist zu hören ...

Der zweite Todesfall war jener Marcel Prawys; die bebende Stimme, mit der Schenk dem Freund ins Grab nachrief, er hätte nie gedacht, dass dieser »wirklich sterben« könnte, und dass diese neuerliche Gemeinheit des Schicksals unverzeihlich sei – die vergesse ich niemals.

»Machen wir's noch ein paar Mal falsch ...«

Als Otto Schenks jüngstes Buch »Darum das ganze Theater« im Amalthea Verlag erschien, durfte ich mit ihm gemeinsam im Haus Hofmannsthal das Werk präsentieren. Es strotzt von prachtvollen Pointen und Anekdoten, und ich muss mich sehr zurückhalten, den Amalthea-Kollegen nicht seitenweise zu bestehlen. Aber ein paar Prachtstücke darf ich doch hier einfügen (was die geschätzte Leserin und den geneigten Leser keineswegs davon entbindet, Schenks Werke selbst zu kaufen und zu lesen).

Mir gefällt Schenks Ordnungssinn, der sich in Bekenntnissen wie diesen offenbart: »Ich habe eine Liste von Büchern, die ich nicht mehr finde. Der Vorteil der Liste ist, dass ich sie auch nicht mehr finde.«

Beinahe in meinen täglichen Sprachgebrauch eingegangen ist dieser Satz: »Paula Wessely pflegte vor der Probe oft zu sagen: ›Machen wir's noch ein paar Mal falsch, vielleicht fällt uns dann was ein.‹«

»Der erste natürliche Satz«

Eine Anekdote in Schenks »Darum das ganze Theater« hat es mir besonders angetan, ich kann momentan nicht sagen warum. Aber ich möchte sie, als Höhepunkt und Abschluss meines Raubüberfalls auf Otto Schenk, hier wiedergeben.

»Leopold Lindtberg führte während der Nazijahre am Zürcher Schauspielhaus Regie bei ›Julius Cäsar‹. Aus berechtigtem Mitleid beschäftigte er zwei Statisten, die Emigranten Dr. Rochlitzer und Dr. Schwarz, die sich ein bisschen Geld dazuverdienen wollten. Die beiden Herren waren vollkommen theaterfremd und standen recht privat und sichtlich unrömisch im Volk von Rom herum, unfähig zu irgendeiner theatralischen Leistung, peinlich berührt von allem, was um sie herum geschah. Von Lindtberg wurden sie händeringend gebeten, auf die Rede des Brutus zu reagieren.

›Herr Dr. Rochlitzer, Sie müssen irgendeinen Satz sagen, wenn der Beifall für Brutus sich legt‹, flehte der Regisseur.

›Verlassen Sie sich drauf, Herr Lindtberg, morgen kommt so a Satz von uns.‹

Der mitleidige Lindtberg ließ die beiden weiterhin im Forum Romanum werken und hoffte auf den versprochenen Satz. Nachdem Brutus bei der öffentlichen Generalprobe seine Rede beendet hatte und ein kurzer Beifall von den Statisten ordnungsgemäß losbrach, hörte man ganz deutlich in der anschließenden Stille Dr. Rochlitzer zu Dr. Schwarz sagen: ›A hochanständiger Mensch, der Brutus!‹

Als ich diese Geschichte Fritz Kortner erzählte, wischte er sich die Lachtränen aus den Augen und meinte: ›Dieser erste natürliche Satz in der Aufführung hat die ganze Regie desavouiert.‹«

Beim Ab- und Niederschreiben dieser Anekdote fällt mir auch auf, warum ich sie so mag. Sie erinnert mich an die tragikomischen Figuren Bronski und Grünberg, die Kleindarsteller am Teatr Polski in Ernst Lubitschs genialem Film »Sein oder Nichtsein«.

»... und dort gehört sie nicht hin«

Otto Schenk bezeichnete Heinz Marecek als »meinen begabten Schüler«. Das ist er fraglos, und noch viel mehr, unter anderem einer der unterhaltsamsten und originellsten Menschen, die ich je kennengelernt habe. Anfang 2009 inszenierte er an der Volksoper Frank Loessers Musical »Guys and Dolls«, von dessen Wirksamkeit sich das Publikum hoffentlich noch lange wird überzeugen können. Bei den Proben war ich, als Dramaturg und Übersetzer der Dialoge und sogar als Darsteller einer mikroskopischen Bühnenrolle, recht oft anwesend und habe einige Aussprüche Mareceks liebevoll notiert.

Den von Gangstern gefrotzelten Inspektor hieß Marecek etwa »mit der Geduld eines Lamas« zuzuhören: die Missionsgeneralin, die ihre Rolle etwas zu affektiert anlegte, bat er, »es total zu entfunsen« (was besonders amüsant war, da die aus der Schweiz stammende Darstellerin mit dem Vokabel rein gar nichts anfangen konnte). Wiederholt erklang aus Heinzis Mund die Warnung vor mangelhaftem Timing, mit dem Zusatz: »... sonst ist die Szene im Arsch, und dort gehört sie nicht hin!«

»Liebe Tiere!«

Heinz Marecek ist ein großer Inspirator. Wenn der Spieler Sky Masterson sich dem schüchternen Mädchen in der Heilsarmee widmet, wollte der Regisseur befremdetes Entsetzen im Gesicht des Mädchens entfachen: »Stell dir vor, ein sibirischer Säbel-zahntiger ist in die Mission gehüpft.« Ihm wieder empfahl er, bei seinen Verführungsversuchen den »Gynäkologen-Vertrauens-ton« anzuschlagen.

Und wie prononciert man bei der Heilsarmee das unvermeid-liche »Halleluja«? Heinz riet zur Routine ohne übermäßige Beto-nung, denn »Halleluja in der Mission ist so wie Mahlzeit im ORF«.

Große, ans Philosophische streifende Sätze sind zumeist ganz simpel. Das lautstark plaudernde Männerensemble in »Guys and Dolls« brachte Regisseur Marecek einmal mit dem Ruf »Liebe Tiere!« zum Schweigen. Und den – noch ungesehenen – Einsatz eines Akteurs charakterisierte er: »Er beginnt im Off – wie wir alle.«

»Eine Wegwerfwuchtel«

Marecek unterstützt als Regisseur stets Eigeninitiative. Er liebt es, wenn Darsteller »anbieten« (ohne dieses Wort jemals zu be-nützen), setzt aber auch klare Grenzen, wenn »die Kunst« mit einem besonders Inspirierten durchgeht. Einmal kleidete er die Grenzsetzung in die Worte: »Ich möchte deine aufkeimende Be-gabung nicht stören, aber das ist von einer brüllenden Sinnlosig-keit. Das machen wir nur, wenn wir viel zu kurz sind.«

Trotz dem heiligen Leitsatz »Man darf im Theater alles tun; aber man darf nichts auslassen« lehrte Marecek in den Proben auch Understatement: »Nicht so draufsetzen auf die Pointe. Das ist eine Wegwerfwuchtel.« Ein Kleindarsteller brachte es nach Absprechen eines lustigen Satzes nicht über sich, zügig die Bühne zu verlassen. Er wollte offenbar noch die Früchte in Ge-stalt des Publikumslachens ernten. Marecek mahnte ihn: »Mit diesem Pointerl kippst du aus der Dekoration.«

Heinz Marecek inszeniert an der Volksoper die »lieben Tiere« und begibt sich in freundschaftliche Zwiesprache mit dem Hauptdarsteller Robert Meyer.

Auch Regisseure und Intendanten sind so etwas wie Künstler

Mannheim!

Auch von eigenen Theatererinnerungen, die lange zurückreichen, erzählte Heinz Marecek mit Hingabe und Erfolg. Etwa über Fred Liewehr, den großen Hänger, der sich in den regelmäßig wiederkehrenden Momenten der Textnot auf einen Schenkel zu schlagen pflegte, dann die Hand in Richtung seines Bühnenpartners schleuderte, wie um ihn zum Einsatz aufzufordern – schon hing die Verantwortung für den Fortgang der Szene an dem unglücklichen, weil textlosen Vis-à-vis. Knapp vor einem gemeinsamen Auftritt in dem Musical »Show Boat« meinte Liewehr zu dem jungen Kollegen Marecek, der Anzeichen von Nervosität aufwies: »Ich weiß nicht, warum du dich so aufregst. Einmal, in Mannheim, bin ich aufgetreten und wusste überhaupt nicht, in welchem Stück ich mitspiele – geschweige denn, dass mir annähernd der richtige Text eingefallen wäre.« Der Inspizient gab das Zeichen, Liewehr und Marecek traten auf. Liewehr, der den ersten Satz hatte, fixierte den Kollegen einige Sekunden, schlug sich auf den Schenkel, wies beherzt auf Marecek und rief selbstbewusst: »Mannheim!«

(In diesem Moment bin ich mir übrigens sicher, dass Mannheim nicht die Stadt war, die in der Erzählung vorkam, aber das ändert nichts an ihrer Qualität. Ich meine, an der Qualität der Erzählung – über Mannheim habe ich keine Meinung.)

Nicht gerührt

Neben seinen sonstigen Talenten ist Heinz Marecek auch ein begnadeter Schüttelreimer – oder zumindest ein sehr aufmerksamer Aufschnapper dieser kostbaren poetischen Gebilde. Dass den nun geschüttelten Volksoperntenören krasses Unrecht widerfährt, tut nichts zur Sache; denn weder ist Adolf Dallapozza ein »toller Patzer«, noch trifft diese Blüte auf den großen Kammersänger Minich zu: »Nur entfernt zwei Meter bin ich – und hör' kan Ton vom Peter Minich.«

Besonders schätze ich den ebenso musikalischen wie unanständigen Schüttelreim (Eltern schließen ihren Kindern nun die Augen mit beiden Händen): »Schwer ist es, mit dem Schwanz zu geigen – von einem Cello ganz zu schweigen.«

»Keep it gay«

Musicalfreund Marecek (er hatte immerhin in »West Side Story« an der Volksoper debütiert, in »Show Boat« mitgewirkt und mit »My Fair Lady« und »Guys and Dolls« zwei exemplarische Musical-Produktionen an diesem Hause inszeniert) hatte seine liebe Not mit den »Producers« von Mel Brooks. Sowohl die Hauptrolle als auch die Arbeit an der Übersetzung war ihm angeboten worden – beides hatte er abgelehnt. So sehr ihm das Werk im englischen Original gefiel, er hielt es nicht für übertragbar. Über die Fassung, die bei der deutschsprachigen Erstaufführung im Ronacher verwendet wurde, konnte sich Heinz ereifern, insbesondere über die – tatsächlich unübersetzbare – Nummer »Keep it gay«. Das schöne Wort war ja einstens in der Bedeutung »fröhlich, heiter, lustig« ein wichtiger Show-Begriff, bedeutet mittlerweile nur mehr »schwul« (und hat dadurch an Wichtigkeit nicht verloren). Man versuchte es im Deutschen mit »Mach es warm«. »Was für ein Blödsinn«, meinte Heinz Marecek. »Das einzig mögliche Stichwort, auf das diese Nummer folgen kann, lautet: ›Papa, ich hab von Mittag noch a Gulasch am Herd.‹ Antwort des Ehemannes: ›Mach es warm!‹«

Textverarbeitung

Heinz Marecek ist auch ein unermüdlicher (und wirklich guter) Texter, oder, im Falle von »Guys and Dolls«, Text-Änderer. Ich gebe zu, weite Strecken meiner deutschen Dialogfassung zu dem Musical sind intakt geblieben. Aber etwa auf jeder dritten Seite griff Marecek (zumeist nach Konsultation mit mir) ein, und die Ergebnisse waren köstlich. Für die Figur des Gangsters Big Jule beispielsweise erfand der Regisseur einen urkomischen Besserungsvorsatz: »Ich war immer ein schlechter Mensch und ein schlechter Spieler. Aber ich möchte ein guter Mensch werden ... und ein guter Spieler!«

Als die Proben voranschritten und die Zeit immer knapper wurde, forderte Heinz die Einfügung einer kurzen Szene, auf die wir ursprünglich, beim Studium des englischen Originals, verzichten wollten. Ich lieferte die Zeilen, und dazu einen Revers, den Heinz lachend unterschrieb: »Weitere Textänderungen nur nach Rücksprache mit dem Wagner-Trenkwitz-Fonds für geschändete Dichterfürsten«.

Stau auf dem Sologang

Bewegen wir uns auf die Intendanten zu, die ja nicht nur »auch so etwas wie Künstler«, sondern oft genug wirkliche Künstler und »Auch-Intendanten« sind.

Peter Ruzicka – das heißt tschechisch »Röschen« – ist Intendant und Komponist. Dazu ist er noch ein hoch gebildeter Mensch, gewissermaßen ein Weiser vom Berge, aber gewiss kein großer Kommunikator. Ich kann ihn nicht besser beschreiben als durch eine Anekdote, die mein Freund René Pape mir beschert hat. Zu deren Verständnis muss man Robert Wörle kennen: Wörle ist ein sehr guter und besonders voluminös gebauter Charaktertenor.

Es kann nur eine(n) geben

Es war die erste Ruzicka-Röschen-Saison bei den Salzburger Festspielen, letzte Vorstellung der »Zauberflöte« in Achim Freyers Inszenierung. Nach der Vorstellung fragte ich René Pape, der den Sarastro gesungen hatte: »Na? Wie ist es mit eurem neuen Intendanten Ruzicka?« Darauf Pape: »Man hat ihn nicht gemerkt.« Ich erwiderte: »Er wird doch ›toi-toi-toi‹ gesagt haben vor, oder Glückwunsch nach der Premiere?« Pape: »Nein. Der Einzige, den er begrüßt hat, war der Robert Wörle. An dem ist er nicht vorbei gekommen auf dem Sologang.«

Wie entsteht ein Spielplan?

Apropos Robert Wörle: Als dieser einen urkomischen Siegfried in Oscar Straus' Operette »Die lustigen Nibelungen« an der Volksoper sang, hatte er in einer Badewanne zu sitzen. Wir tauften das große Gefäß »Wörle-Pool«.

*Gleichgewicht:
Luciano Pavarotti mit
Staatsopern-Direktor
Egon Seefehlner (links)*

*So sieht der Wörle-
Pool mit Inhalt aus
(rechts).*

Ebenso voluminös wie Wörle, aber Staatsoperndirektor von Beruf war Egon Seefehlner. (Diesen Kalauer kann ich Ihnen nicht ersparen: »Egon Schiele, der unter dem Pseudonym Egon *Sehfehler* eine Weltkarriere machte ...«) Seefehlner wurde einmal gefragt, wie eigentlich so ein Staatsopernspielplan entsteht. Seine Antwort wurde mit gewohnter schnaufender Bedächtigkeit vorgetragen und lautete ungefähr so: »Man fragt, was der Karajan gern dirigieren möcht', ... dann fragt man den Bernstein, was er gern dirigieren möcht', ... dann fragt man den Domingo, was er gern singen möcht', dann fragt man den Pavarotti, was er gern singen möcht' ...«

Der ungeduldige Journalist unterbricht: »Und was ist, wenn Karajan und Bernstein dasselbe dirigieren möchten?« Seefehlner: »Dann is' schlecht.«

Fehlervermeidung

Herbert Wochinz, der Regisseur und langjährige Intendant des Klagenfurter Stadttheaters, hat zu einem sehr frühen Zeitpunkt in mein Leben als Theaterpublikum eingegriffen. Ich war noch keine zehn Jahre alt, als ich zum ersten Mal in Klagenfurt »Die Räuber« sah. Den Franz Moor spielte mein Onkel, Georg Trenkwitz. Der Moment seines Selbstmordes durch Erhängen schockierte den Knaben nachhaltig. Später besuchte ich viele Sommer hindurch die Komödienspiele Porcia in Spittal an der Drau, wo Wochinz beispielgebend Komödie inszenierte. Welch ein Tempo, welch eine Präzision! Noch heute, wenn ich mit meinen Eltern eine etwas langatmige Theateraufführung verfolge, zischen wir einander zu: »Wochinz!« – will heißen, dessen Schwung fehlt gerade!

Ein umwerfender Intendantensatz wird Herbert Wochinz zugeschrieben. Was tut man mit einem unbrauchbaren Sänger, den man wohl irrtümlich ins Ensemble geholt hat? »Jetzt haben wir den schon engagiert – werden wir nicht auch noch den Fehler machen, ihn zu besetzen!«

»Besuchen Sie mich in der Staatsoper«

Ioan Holender ist eine jener Persönlichkeiten, ohne die mein Leben nachweislich ärmer (gewesen) wäre. Der französische Autor Michel Houellebecq hat ihn charakterisiert, ohne es zu wissen: »Sein Drang zu missfallen verdeckte ein großes Bedürfnis, geliebt zu werden.«

Auch Regisseure und Intendanten sind so etwas wie Künstler

Vor ihm beugt sich alles: Ioan Holender.

Zum ersten Mal begegnete ich Holender in einer Vorstellungspause am Linzer Landestheater. Er war noch lange nicht Staatsoperndirektor, stand inmitten einer kleinen Runde, die ihm andächtig lauschte. Das ist eine seiner Qualitäten: Man will ihm einfach zuhören.

Die zweite Begegnung, bei der er mich wahrnahm, passierte bei einem Empfang in der Wiener Staatsoper. Neben ihm am Buffet angestellt, meinte ich: »Prima voi, prima voi ... Kennen Sie das? ›Falstaff‹!« Er kannte es natürlich, nickte mir aber anerkennend zu.

In meinen Jahren bei den Staatsopernfreunden nahm er mich sporadisch ebenfalls wahr. Man kann dies nicht genau feststellen, da Ioan Holender nicht mit Menschen spricht, von denen er nichts will, ja sie zumeist gar nicht grüßt.

Ende 1992 galt es, den Posten des Pressechefs für die kommende Saison neu zu besetzen. Dass ich dafür in Frage kam, erfuhr ich aus einer Nachricht auf meinem Anrufbeantworter. Auf meine Ansage: »Hinterlassen Sie bitte eine Nachricht nach dem hohen C« folgte ein vokaler Höhenflug von Franco Corelli. Als ich eines Abends nach Hause kam, wies die Maschine folgende Nachricht auf: »Holender. Schöne Musik. Besuchen Sie mich am Sonntag in der Staatsoper.«

Es war ein Sonntagabend im November 1992, im Opernhaus am Ring spielte man »Macbeth« unter der Leitung von Michael Halász, Nicolai Ghiaurov sang den Banquo. Den Rest der Besetzung weiß ich nicht mehr, denn ich besuchte ja nicht die Vorstellung, sondern den Direktor in seinem Büro. Und das erforderte meine ganze Aufmerksamkeit.

Es fand das erste von zwei entspannten Gesprächen »auf Augenhöhe« statt, die ich mit Ioan Holender für die nächsten acht Jahre führen sollte (das zweite war jenes, mit dem wir mein Dienstverhältnis einvernehmlich beendeten). Ich wurde als Pressechef engagiert, mit Dienstbeginn im September 1993, die Vorbereitungszeit würde bereits im März beginnen.

Mein immer noch amtierender designierter Vorgänger war ein sehr freundlicher, kultivierter Herr namens Hansjürgen Gaida, ein tüchtiger, ideenreicher Marketingexperte, der mit Detailwissen über das Musiktheater nicht gerade gesegnet war. Eberhard Waechter hatte ihn engagiert unter dem Prätext: »Von Oper versteh' ich selber was.«

Der sympathische Dr. Gaida soll einmal, beim Durchsehen von »Zauberflöten«-Fotos, geäußert haben: »Also welcher ist jetzt der Papageno – der mit den Federn?« Ich glaube diese Story allerdings nicht. Ich mochte den Herrn, mochte die entspannte Art, mit der er der uns umgebenden Theaterhysterie die Stirn bot. Im Pressebüro befand sich eine Mitarbeiterin vorgerückten Alters, die ich von Dr. Gaida erben sollte und die etwas später in die Volksoper »strafversetzt« wurde, weil sie dem allmächtigen Direktor mit einem Schreianfall im Direktionsstock die Stirne geboten hatte. Diese Frau B. war erfahren und tüchtig, aber eben nicht mit starken Nerven gesegnet. Um größeren Aussetzern vorzubeugen, nahm sie eine gewisse Menge von Rescue-Tropfen ein und legte sich mit geschlossenen Augen auf den Boden des nicht sehr geräumigen Pressebüros. Als ich eines Morgens zum ersten Male Zeuge dieser Therapie wurde, traute ich meinen Augen nicht. Wenige Momente später erschien Dr. Gaida, für den Derartiges zur Routine gehörte. Mit dem freundlichen Gruß »Guten Morgen, Frau B.« machte er einen großen Schritt über die hingestreckte Mitarbeiterin und ging an seinen Computer.

Aufregende Zeiten

Mein Dienstbeginn in der Staatsoper fiel in eine besonders aufregende Zeit (aber wann sind keine besonders aufregenden Zeiten? Erst von meinem späteren Volksoperndirektor Rudolf Berger, damals Chefdisponent an der Staatsoper, lernte ich den beruhigenden Satz: »Wir sind hier nicht in der Notaufnahme, sondern in einem Theater«). Die damalige Neuproduktion von Wagners »Ring des Nibelungen« war im Gange, Dirigent Christoph von Dohnányi musste seine Mitwirkung an der bevorstehenden »Siegfried«-Premiere (14. März 1993) absagen, der blutjunge Antonio Pappano sprang mit nur einer Probe ein – und machte seine Sache hervorragend.

Osternhalber wurde auch »Parsifal« gespielt. Auch hier ergab sich eine – weniger einschneidende – Umbesetzung, die das Pressebüro kundzutun hatte (Holenders stereotyper Satz »Macht's a Meldung!« verfolgte mich jahrelang). Ich meldete, aber offenbar mit einem falschen Detail (der Sänger X wurde nicht vom Sänger

Y, sondern vom Sänger Z ersetzt). Dies wurde mir sofort als Akt
der Sabotage ausgelegt, der Täter ins Büro des Direktors zitiert.
Ich streckte meinen Kopf durch die Tür. In der Polstergruppe
waren der Dirigent Jan Latham-König und die Operndiva Mara
Zampieri (mit ihrem unvermeidlichen Schoßhündchen) drapiert,
Holender saß an seinem Schreibtisch. Als er meiner miserablen
Person ansichtig wurde, schrie er vernehmlich: »Ins Hirn geschis-
sen!?« Obwohl es sich augenscheinlich um eine Suggestivfrage
handelte, begriff ich sofort, dass der Direktor sehr unzufrieden
mit meiner Leistung war und überlegte mir mehrere Tage, ob dieser knappe Satz von elementarer Wucht nicht den geeigneten
Titel für meine Lebenserinnerungen abgeben würde.

Im Übrigen war ich überzeugt davon, dass meines Bleibens an
dem traditionsreichen Institut nicht lange sein könnte. Immerhin
sollte sich meine Tätigkeit an der Staatsoper dann doch auf acht-
einhalb Jahre erstrecken, was nur zwei mögliche Schlüsse zulässt:
Entweder braucht Ioan Holender Menschen, über die er sich andauernd ärgern kann, oder ich habe meine Sache doch nicht ganz
schlecht gemacht. Oder beides.

Lob von Löbl

Jedenfalls konnte ich, gerade am Beginn meiner Beschäftigung,
jede Ermutigung und Ermunterung brauchen. Ich bekam sie
zum Beispiel von Karl Löbl. Der Doyen der österreichischen
Musikkritik mag manchen als abweisend oder streng gelten, in
Wahrheit ist er ein Begeisterter und ein durch und durch fairer
Kollege. Mich nahm er nach der ersten Staatsopern-Pressekon-
ferenz beiseite und gab mir Tips und Ratschläge für das Amt des
Pressechefs – wie weit ich diese unter dem strengen Regiment
Ioan Holenders auch umsetzen konnte, weiß ich nicht.

Jedenfalls erging es mir nicht wie einer ahnungslosen Vorgängerin am Hause, die im Verdacht stand, mit dem Opernrepertoire nicht wirklich vertraut zu sein. Ein durchaus bösartiger Journalist bat sie um ein Treffen »in der Pause der ›Salome‹« ... Die Unglückliche willigte ein, und tags darauf lachte ganz Kultur-Wien: Die neue Pressechefin der Staatsoper weiß nicht, dass »Salome« keine Pause hat ...

Für mein erstes Programmheft als Staatsopern-Chefdramaturg (»Stiffelio«) verfasste Karl Löbl sogar schriftliches Lob, das er brieflich an Direktor Holender sandte. Das vergesse ich ihm nie. Holender war ein wenig irritiert, da er stets die destruktiven Folgen von Lob auf die Arbeitsmoral fürchtete – er überbrachte mir Löbls Schreiben mit spitzen Fingern und merkte halb lächelnd an: »Das heißt aber nicht, dass Sie sich jetzt zurücklehnen können!«

(Sie erinnern sich doch hoffentlich an Karl Löbls legendäre Radio- und später TV-Sendung »Lieben Sie Klassik?« Man möge es mir nachsehen, dass ich folgenden Kalauer in dieser unschuldigen Klammer unterbringen muss. Ich taufte die Sendung irgendwann »Lieben Sie Klappsitz mit Karl Möbl?«)

»Arbeit soll auch Freude machen«

Nein, exzessives Ermutigen seiner Mitarbeiter war und ist nicht Ioan Holenders Sache. »Zum Loben bin ich nicht da« ist eines seiner Axiome.

Das Gespräch über meine erste Vertragsverlängerung begann er mit den Worten: »Wagner-Trenkwitz, ich bin mit Ihnen nicht zufrieden. Aber ich gebe es nicht auf, aus Ihnen einen Menschen zu machen.« Die schüchterne Frage nach einer Gehaltsaufbesserung wurde mit dem geradezu genialen Satz abgeschmettert: »Nein, die Arbeit soll ja auch Freude machen« – was so viel hei-

– 103 –

ßen sollte wie: Geld allein ist nicht alles, vor allem, wenn ich es zahlen soll. Seiner Sekretärin gegenüber zeigte er sich höchst indigniert, dass ich die finanzielle Frage angesprochen hatte: »Der fragt mich um Geld ...«

Später in meiner Staatsopernkarriere schnappte ich noch andere Sätze Holenders auf, die sich auf seine strenge Hand in ökonomischen Fragen (»Hier fließt kein Honig!«) und allgemeiner Menschenführung (»Das Theater ist kein Ort der Gerechtigkeit!«) bezogen.

Wagner-Trinkfest

Aber irgendwie gewöhnten wir uns aneinander, es gab sogar Momente, in denen der gefürchtete Machtmensch geradezu zärtlich wurde. So äußerte er zu mir einmal: »Das einzige, was ich an Ihnen mag, sind Ihre alten Anzüge.« Oder: »Sie sind ja jemand ... außerhalb dieses Hauses.« Ich erhielt auch einen neuen Namen, damit ich mich so richtig heimisch fühlte: »Müller-Thurgau«.

Diese Kreation sorgt heute noch für Heiterkeit unter Eingeweihten. Wolfgang Fischer begrüßt mich nur unter diesem Namen, während es Franz Hawlata kürzer gibt. Sieht er mich, johlt er bereits von der Ferne, in unverkennbarer Holender-Parodie: »Müllär!«

Der Kosename hat mir aber auch eine Verleumdung eingebracht. Ein Kurzzeit-Angestellter der Salzburger Festspiele, der mir nicht geheuer war, was durchaus auf Gegenseitigkeit beruhte, verbreitete die Geschichte, ich sei Alkoholiker und immer schon morgens betrunken. Denn: »Warum sonst würde ihn Holender ›Müller-Thurgau‹ nennen?«

Nun, Alkoholismus zählt (trotz harter Jahre an der Staatsoper) bis heute nicht zu meinen Lastern. Aber die Empfindlichkeit gegen schlechte Nachrede ist geblieben. Ein anderer Intrigant hat es sich einfallen lassen, mich als »stadtbekannten Homosexuellen« zu bezeichnen (er meinte es als Verunglimpfung, ich sehe es nicht einmal so; wenn ich homosexuell wäre, dann wäre ich es halt, nur bin ich es nicht), der sich von Herrn XY, einem Feind des Staatsoperndirektors, aushalten lässt. Mein Job an der Staatsoper muss also doch wichtig genug gewesen sein, um ein paar Dummköpfe gegen mich aufzubringen …

Anrufbeantworter und Mobiltelefone

Mehr als einmal fand ich auf dem Anrufbeantworter in meinem Büro des Direktors unwillige Stimme vor: »Ich kann nicht mit Anrufbeantwortern reden – wo sind Sie?« Ich hielt die Einrichtung für segensreich, er misstraute dem künstlichen Gegenüber, beklagte sich mehrfach darüber, dass er meine »ungeliebte Stimme« auf Band ertragen musste. Er wollte halt, dass »seine Leute« immer »da« sind. (Holenders Unmut wurde mit der Einführung des Mobiltelefons nur noch gesteigert, bis er schließlich den Vorteil erkannte, selbst nicht »da« sein zu müssen, um die anderen zur Rede zu stellen.)

Doch zurück zum Unsegen des Anrufbeantworters. Zu Anfang des Jahres 2000 reiste ich im Auftrag der Staatsoper nach Tokyo, wo die Wiener Produktion des »Don Giovanni« gezeigt wurde. Nach einem langen Tag im Theater, bei Proben und Presseterminen, kehrte ich nachts in mein Hotelzimmer zurück. Das Anrufbeantworter-Lämpchen blinkte. Als ich den Knopf drückte, erscholl die wohlbekannte Stimme des Herrn: »Dieselbe Scheiße wie in Wien, nur noch teurer.«

– 105 –

Abneigungen

Wen oder was Ioan Holender nicht mag, den oder das mag er einfach nicht. Daran lässt sich nichts oder nur in Ausnahmefällen etwas ändern. Mich mochte Holender nie besonders, Claus Peymann hingegen mochte er überhaupt nicht. Als der Burgtheater-Direktor sein Kommen zu einer Galavorstellung in letzter Minute absagte, informierte das Pressebüro den in einer Sitzung befindlichen Direktor Holender, indem man einen Zettel mit der Nachricht in sein Büro reichte. Holender las kurz und notierte dann am unteren Seitenrand lakonisch: »Arsch bleibt Arsch.«

Das ungeschriebene Verzeichnis der von Holender nicht Geschätzten (es kann ständig jemand hinzukommen oder aus dem

Beim Tag der offenen Tür in der Staatsoper flankieren Thomas Novohradsky und ich den Staatsoperndirektor. Ein böser Mensch erteilte diesem Foto den Titel »Die rechte und die linke Hand des Teufels«.

Spitzenfeld verdrängt werden) wird staatsopernintern denn auch »Arsch-Liste« genannt. Ich befand mich wiederholt, ja regelmäßig auf derselben. Das von mir drei Jahre lang geleitete Pressebüro bezeichnete der Direktor genüsslich-abfällig als »die elendste Abteilung«. Die Existenzberechtigung von Dramaturgen wollte ihm nicht recht einleuchten (obwohl er seit vielen Jahren mit einer Dramaturgin verheiratet ist), sie waren und sind für ihn »Verfasser von Saalprogrammen« und für Planung und Zustandekommen von Theaterproduktionen nicht wirklich relevant. Damit ist Ioan Holender übrigens eines Sinnes mit einer breiten Schicht von Wiener Opernbegeisterten, die allesamt stolz darauf sind, nicht zu wissen, was Dramaturgen tun.

Die Ballettkunst rangiert ziemlich weit oben in den von Ioan Holender nicht geschätzten Kunstphänomenen, knapp hinter dem ungeliebten Musical. Wenn er (zumeist am frühen Nachmittag) den Heimweg antrat, examinierte der Direktor stets das neben dem Ausgang angebrachte Abendplakat. Mehr als einmal hörte ich, wenn sein Blick auf »Schwanensee« oder »Nussknacker« fiel, die Worte: »Was spiel' mer heute? Nix. Auf Wiederschaun.«

Quod licet Jovi ...

Holenders Nonchalance in Verbindung mit seinem persönlichen Hintergrund ermächtigen ihn auch zu Bemerkungen (im kleinen Kreise), die für jeden anderen nicht ratsam wären. So meinte er zu mir im Anschluss an die Volksopern-Premiere von Franz Schrekers »Irrelohe«: »Nicht alles war gut, was der Hitler verboten hat ...«

Einen amerikanischen Agenten, der ihm wieder einmal das Leben schwer machte, bezeichnete Holender einmal stoßseufzend als »einen der objektiven Gründe für den Antisemitismus«.

Und wie geschmackvoll sein Satz über den blinden Startenor Andrea Bocelli ist, weiß ich nicht zu sagen, jedenfalls ist er gut: »Er kann uns nicht sehen, wir können ihn nicht hören.«

Staatsoperndirektor Holender hat seinem Hause eine unüberschaubare Zahl spannender Neuerungen beschert – die Titelanlage, das Kinderzelt, die Übertragungen auf den Herbert-von-Karajan-Platz (den er, ebenso wie den Gustav-Mahler-Saal, hat benennen lassen) gehören dazu. Was den Stil der Mitarbeiterführung betrifft, ist er meiner Ansicht nach jedoch nicht der erste Direktor des 21., sondern der letzte Direktor des 19. Jahrhunderts. Da Staatsoperndirektoren jedoch nicht danach bewertet werden, wie entspannt ihre Mitarbeiter waren, wird seine Ära jedenfalls als eine der ganz großen (und als die der längsten Dauer) in die Geschichte eingehen. Und wir, die wir ihn hautnah erlebt haben, werden zeitlebens mit jeder kleinen Narbe eine großartige Geschichte verbinden.

»Ja, das Schreiben und das Lesen«

Am 17. Oktober 2001 präsentierte Ioan Holender im Mozart-Saal des Wiener Konzerthauses seine Lebenserinnerungen, »Von Temesvar nach Wien«. Von seinem kurz zuvor abgerüsteten Chefdramaturgen, also mir, wünschte sich der Direktor ein »Quodlibet« (wobei dieses Wort keiner aussprechen kann wie er). Ich begnügte mich damit, das Auftritts-Lied des Zsupan aus dem »Zigeunerbaron« neu zu textieren, Heinz Zednik und Alfred Šramek gaben es, begleitet von der Pianistin Kristin Okerlund, zum Besten:

>»Hier bin ich – und was wollen Sie?«
>Schreiben S' Ihre Autobiographie!
>»Vom Schreiben hab ich keinen Dunst,
>Ich mache lieber Kunst!«

Ja, das Schreiben und das Lesen
sind nie sein Fach gewesen,
er ist immerhin Direktor,
drum braucht er auch an Lektor.
Auch war er nie ein Dichter,
potz Donnerwetter paraplü,
nur immer ... Stimmenzüchter,
darin liegt sein Genie.

Ja – ein idealer Opernchef,
der streit' sich mit dem ORF:
»Wenn der nicht sendet, was ich tu,
dann dreh ich ihm die Gurgel zu,
ich gebe keinesfalls a Ruh!«

Er mag die Journalisten,
er weiß, was sie gern wüssten,
mit einem guten Sager
zieht er sie in sein Lager.
»Schimpft einer übern Vorhang*,
zieh ich ihm gleich das Ohr lang,
der Eiserne wird jährlich neu,
nur ich bleib eisern treu.«
Wie ihr ihn seht, schon seit zehn Jahr,
bleibt er un...berechenbar:
Opernfürst mit weißem Haar.

---

* In jenem Jahr begann Holender, den Eisernen Vorhang der Staatsoper als
Kunstraum zu nützen. Unter der Saison wurde das Orpheus-Motiv des um-
strittenen Heinrich Eisenmenger mit jährlich wechselnden Objekten verhängt – diese Aktion trug Holender Lob, aber auch Kritik ein.

»Für Talent hab' ich a Nase,
ich spiel Tennis mit Nastase*,
und wenn mir einmal recht fad is',
frag ich: Volksoper Quo vadis?«
Mit sechsundsechzig Jahren,
potz Donnerwetter, das hat Sinn,
schreibt er seine Memoiren:
»Von Temesvar nach Wien«.

»Ja – mein idealer Lebenssinn
ist: lebenslänglich Chef in Wien.
Ich bleibe einfach, wie ich bin.«
Viel Feind, viel Ehr und viel PR,
mein Nachfolger
heißt ... Holender!

»Neue Intendanten braucht das Land«

Einiges war von Ioan Holender die Rede, denn einiges habe ich
nicht nur mit ihm erlebt, sondern auch von ihm gelernt. Aber betrachten wir das Phänomen »Direktor« (oder, wie unsere deutschen Nachbarn es nennen, »Intendant«) doch einmal allgemein.
Im Herbst 2008 hatte ich Gelegenheit, am Institut für Kultur-
und Medienmanagement der Freien Universität Berlin einen –
mehr oder minder improvisierten – Vortrag aus eigener (Leidens)Erfahrung zu halten. Das Thema, zu dem mir zunächst gar
nicht einfiel, lautete: »Neue Intendanten braucht das Land«.

---

* Die ersten zwei Zeilen dieser Strophe lauteten ursprünglich anders (»Mit
Ozawa bin ich baden, / Ich spiel Tennis mit Bin Laden«), wurden aber unter
dem Eindruck des 11. September 2001 geändert. An den rumänischen Ten-
nis-Star Ilie Nastase erinnern sich hoffentlich noch alle!

Mag sein, aber was hatte ich damit zu tun? Je nun, es wurde doch eine Art heiterer Ansprache, aus der ich einige Gedanken im Folgenden wiedergeben möchte.

WOLLEN

Wen macht man zu einem Intendanten? Was macht Leute zu Intendanten? Keiner ist es, bevor er es versucht hat. Den geborenen Intendanten gibt es nicht, das ist ein zweiter Bildungsweg.

Eine wichtige Voraussetzung ist es jedenfalls, Intendant werden zu *wollen*. Intendant (und ich bitte, die weibliche Form immer mitzudenken, wenn ich die männliche verwende) ist ein Beruf, der mit dem Willen zu tun hat, den Job zu kriegen und zu behalten. »Werden« will man bald etwas; aber um es dann zu bleiben, braucht man einen mindestens so großen Willen: In der Früh aufzustehen und sich zu denken, das wird sicher ein schwerer Tag, und wenn es ein leichter Tag wird, dann habe ich einen Fehler gemacht oder etwas übersehen.

DEKORATIV UND PRÄSENT

Etwas scheinbar Nebensächliches: Ein Intendant muss – nicht gut aussehend, nicht hübsch noch fesch –, er muss dekorativ, herzeigbar sein und sich auch herzeigen wollen. Bereitschaft zur Öffentlichkeit ist etwas sehr Wichtiges. Er muss für das Haus eintreten, und wenn er austritt, muss das Haus anwesend sein.

Im Hause präsent muss er oder sie sein. Es gibt Persönlichkeiten, die sind anwesend und doch nicht da. Und dann gibt es auch den umgekehrten Fall. Daniel Barenboim sitzt vielleicht gerade in New York in der Hotelsuite und raucht seine Zigarren, was er dort nicht darf. (Aber für ihn haben sie extra auf dem Stockwerk die Sprinkleranlage ausgeschaltet.) Trotzdem ist er in Berlin präsent! An der Berliner Staatsoper werden sich viele

Leute täglich mehrmals denken: Das mache ich jetzt nicht, denn das würde dem Herrn Barenboim missfallen. Ob er in Südamerika konzertiert oder in New York im Hotel Zigarre raucht oder bei seinem Freund Stéphane Lissner an der Mailänder Scala dirigiert – der Mensch ist präsent. Das gilt auch für Holender: Wenn er das Haus (zumeist am Nachmittag) verlassen hatte, schwebte immer noch sein Geist über den Wassern der Wiener Staatsoper. Auch wenn er sein Amt für immer räumen wird, schwebt dort wohl noch lange etwas von ihm weiter.

ER MUSS ENTSCHEIDEN WOLLEN ...

... rasch entscheiden, keinen »Entscheidungsstau« zulassen. Rasch entscheiden heißt auch, dass man sich dann irgendwann einmal umentscheiden kann, aber der wachsende Stapel von Unentschiedenem auf dem Tisch, der tut nicht gut. Die Mitarbeiter wollen und müssen in eine Richtung geschickt werden, und wenn der Intendant merkt, dass die Entscheidung falsch war, gibt er es keinesfalls zu, sondern schickt seine Leute – am besten mit vorwurfsvoller Ungeduld – in eine andere Richtung.

Man kann noch so leiden unter seinem Chef, wie er einen quält oder wie ungerecht und wie gemein er ist – aber er sichert ja auch meinen Job, indem er da ist. Er bedroht mich zwar auch mit dem Rausschmiss; aber wenn er weg ist oder das ganze Theater verschwindet, ist mein Job ziemlich sicher weg.

LEBENSQUALITÄT

Man versucht natürlich ständig, viel Lebensqualität in den Job zu bringen. Das ist schön und berechtigt. Es gibt ja auch Gewerkschaften, es gibt Arbeitszeitgesetze. Im Theater wird das aber nicht funktionieren. Einen Job, der spät beginnt, früh aufhört und dazwischen nur Freuden bietet, den muss man nicht im Theater suchen.

Das Theater soll denen Freude machen, die dafür zahlen. Und die, die dafür bezahlt bekommen, die müssen sich halt überdurchschnittlich anstrengen … »die wahre Tugend trägt den Lohn in sich«! Die dürfen nicht erwarten, dass immer alles nett ist und schon gar nicht, dass der Intendant immer nett ist. »Nicht Erlebnisse, sondern Ergebnisse«, das unterschreibe ich völlig.

Ist Folgendes wirklich das Idealbild des Intendanten? Alle Produktionen des Jahres müssen gefallen, Budgetüberschüsse sollen erwirtschaftet werden. Und außerdem ist er immer zu allen nett … Das geht nicht nur nicht, sondern ist auch gar nicht gut.

Es soll nicht alles allen gefallen. Es soll diskutiert werden, es soll zu Kontroversen kommen. Budgetüberschüsse? Um Gottes willen – der Intendant soll das Geld heranzerren und bis zum letzten Euro ausgeben und nicht zurückgeben.

KEINEN STILLSTAND ZULASSEN

Muss der Intendant »berechenbar« sein? Ja, wir wünschen uns einen berechenbaren Chef. Aber wenn jemand *nur* berechenbar ist, dann ist er einfach nicht mehr kreativ. Wenn einer nicht in der Früh ins Büro kommt und sagt: »Leute, wir machen das ganz anders«, oder: »Ich hab' eine Idee und das habt ihr bis heute Mittag zu schaffen«, und alle stöhnen und schimpfen, dann ist er nicht kreativ. Aber Kreativität ist notwendig auch im Kultur-*Management*.

Wollen wir die entspannten, vom Intendanten unterforderten, lebensqualitäts-strotzenden Mitarbeiter? Es ist etwas Schreckliches, unterfordert und von seinem Intendanten gelangweilt zu werden. Ein Chef, dem man sich, weil man ihn nicht spürt, automatisch überlegen fühlt, ist kein guter Chef.

Es kann nur eine(n) geben

EINGREIFEN UND STREITEN NICHT VERBOTEN

Es ist auch Ärgern nicht verboten. Intendanten müssen sich ärgern, glaube ich, und damit auch andere ärgern. Wenn ich in der Früh ins Theater komme und das Plakat hängt schief und ich ärgere mich darüber nicht, sondern denke mir: Ich geh' mal in mein Büro und trinke einen Kaffee. Irgendjemandem wird es schon auffallen, der wird was unternehmen, – dann hängt das Plakat am Abend immer noch schief.

Sehr wichtig ist ein Satz von Franz Salmhofer, einem ehemaligen Volksopern-Direktor:»Lügen gehört zu den Grundrechten des Intendanten.« Man hat in seinem Büro doch hin und wieder Künstler, denen man irgendwas erzählen muss, damit sie weggehen. Oder Politiker. Es ist nicht das Allerwichtigste im Beruf des Intendanten, aber es muss auch erlaubt sein: Ärgern, Streiten, Eingreifen, Lügen.

Einmal fasste ich mir ein Herz und sagte zu Ioan Holender: »Herr Direktor, Sie behandeln Ihre Angestellten schon ziemlich rücksichtslos.« Da verwies er mich auf den damaligen Met-Manager Joseph Volpe, der ebenfalls als hartgesotten verschrien war:»Wieso rücksichtslos? Was wollen Sie? Der Volpe schlägt seine Leute!«

Stimmt: Geschlagen hat mich Ioan Holender niemals.

Hommage an einen, der sich vorlehnt

Zum 70. Geburtstag erhielt Ioan Holender von seinen Mitarbeitern einen Band mit lauter Glückwünschen und Widmungsschreiben von berühmten und (in meinem Falle) weniger berühmten Zeitgenossen, die seinen Lebensweg gekreuzt hatten. Ich verewigte mich mit folgendem Text:

– 114 –

Wenn ich nicht schon blass wäre (insbesondere im Vergleich zu dem hier Angeschriebenen), ich würde erbleichen: Die Spitzen der Opernwelt haben sich mit Geburtstagswünschen für den Gipfelstürmer der Branche bereits eingefunden. Und jetzt soll ich dran sein? Da nehme ich besser Zuflucht zur Literatur:

»Die Erde hat ein freundliches Gesicht,
so groß, dass man's von weitem nur erfasst.« (*Ringelnatz*)
So ähnlich ist es auch mit Ioan Holender. Aus der Nähe eines Dienstverhältnisses kann man ihn gar nicht recht würdigen. In den acht Jahren, als ich noch für ihn (sagen wir ruhig: unter ihm, denn die Hierarchie war ja immer klar) arbeitete, verging kaum eine Stunde, in der ich mich nicht fragte: Was will, was meint, was hat ER? Seit ich wieder in einem Opernhaus arbeite, vergeht kaum ein Tag, an dem ich mir nicht denke: Wie recht er doch hat(te).

Wahrscheinlich ist Holender auch an sich ein guter Manager; er könnte also einen Waschmittelkonzern mit Sitz in Buxtehude so leiten, dass dieser schwarze Zahlen schreibt. Ob er aber dafür brennen würde? Für die Wiener Staatsoper brennt er und ist nicht bereit, irgendjemanden unversengt zu lassen.

Dieses merkwürdige exterritoriale Gebäude, das eine Institution ist und ein Mythos, das aus tausend Mitarbeitern und aus tausend Jahren Musikgeschichte besteht, das jeden Tag bereit ist, alte Zores, neue Probleme und unerhörte Wunder zu produzieren, hat in Ioan Holender einen Direktor gefunden, den es einfach nicht mehr hergeben will.

Der Sessel des Staatsoperndirektors ist einer, in dem sich mancher bequem zurücklehnen möchte. Holender ist ein Vorgelehnter, einer, der sich auf- und hinauslehnt, der sich nur in den raren Momenten kapitaler Katastrophen zu entspannen scheint – und auch da eine Lösung findet. (Etwa der Moment, als Carlos Kleiber im 2. Akt »Rosenkavalier« der bereits geschilderte schmerzhafte Schmiss passierte und Holender dessen befürchtete Abreise verhindern konnte.)

Die Dankbarkeit für acht Jahre (Drill und dabei überraschend viel Spaß) am Opernring lässt sich nicht in wenige Worte fassen. Aber wenn ich heute für würdig befunden werde, einen Geburtstagsgruß für den Staatsoperndirektor beizusteuern, dann habe ich das in mehr als nur einer Hinsicht einem zu verdanken: Ioan Holender.

Danke, dass Sie so an den Nachwuchs glauben, dass Sie selbst mich aushielten, und dass Sie mich (am Opernring und in Lech) Hänge hinuntergejagt haben, die ich mir nie zugetraut hätte!

Ein »Beutewiener« als Direktor

Trotz der imposanten Erscheinung des bislang längstdienenden Wiener Operndirektors möchte ich das Intendanten-Kapitel nicht mit diesem schließen, sondern mit meinem gegenwärtigen Direktor an der Volksoper, Robert Meyer. Ich nenne ihn liebevoll einen »Beutewiener«, doch ist und bleibt er ein Bayer, nicht nur, weil sich's reimt. Dennoch versteht er die Wiener und kann sich ihnen in den großen Charakterpartien komödiantischen Zuschnitts verständlich machen.

Meyer ist ein Künstler-Direktor in der Tradition eines Karl Dönch und besticht neben seiner künstlerischen Präsenz auf der Bühne des Hauses auch durch Zugänglichkeit und Anwesenheit abseits der Vorstellungen. Auch wenn er abends auftritt, erscheint er morgens im Büro, nimmt Termine und Telefonate wahr, zieht sich etwa zwei Stunden vor Beginn der Aufführung für eine kurze Siesta zurück, um dann auf der Bühne regelrecht zu explodieren.

Viele seiner Sätze, und wenn ich sie auch bereits vor Jahrzehnten gehört habe, bleiben mir unauslöschlich mit Klang und begleitender Gebärde in Erinnerung; etwa jener in Nestroys »Umsonst«, als Meyer, in der Rolle eines Schauspielers, den Kollegen (dargestellt von Karlheinz Hackl) zum Aufsuchen des Wirtshauses drängt, denn: »Die Nachwelt stopft dem Mimen keine Blunzen.« (An dieser Stelle muss ich einwerfen, dass ich kürzlich in Köln eine kleine Blutwurst im Teigmantel unter dem appetitanregenden Namen »Flönzpraline« verspeist habe.)

Alexander Girardi hat einmal das Geheimnis des guten Komikers erklärt: »Entweder er muss groß und dünn sein oder er muss klein und dick sein oder er muss etwas können.« Robert Meyer (mittelgroß und schlank, für den Sancho Pansa musste sein Bauch ausgestopft werden) gehört fraglos zur letztgenannten Kategorie.

»Schmieren Sie nicht!«

Er ist ein eingreifender Direktor, der Regisseuren und Darstellern deutlich vermittelt, wenn er mit einer Leistung nicht zufrieden ist; allerdings tut er es immer als Kollege, der in vielen Jahrzehnten »an der Front« (also auf der Bühne) seine Autorität erworben und bewiesen hat. Auch auf der Bühne, während laufender Vorstellung, kann man eingreifen, wie Robert Meyer im dritten Akt der »Lustigen Witwe« bewies: Er wirkte als Njegus mit, und der Chor schien ihm viel zu wenig fröhlich auf die Can-Can-Darbietungen zu reagieren. Also pirschte er sich, scheinbar

Auch so kann Robert Meyer dreinsehen, wenn er als Njegus die übelriechenden Schuhe Danilos in der Hand führen muss. Das Foto ist ein Meisterwerk, da man an Meyer wesentlich mehr Extremitäten vermutet, als er eigentlich hat. Dabei muss ich an die Zeilen Armin Bergs denken: »Hat zwei Hände und sechs Füße, und gibt Milch auch noch dazu, was is es denn dann, ja was is es denn dann? Eine Amme und a Kuh!«

in der Rolle, an die Damen und Herren heran und trotzte ihnen bessere Laune ab.

Eine dazu passende historische Anekdote erzählte Meyer nach der Aufführung: der Burgtheaterdirektor Röbbeling (ich hoffe, ich habe den Namen richtig aufgeschnappt) verfolgte aus seiner Loge einstmals eine besonders lustlose Aufführung von »Wilhelm Tell«. Er stürzte in die Künstlergarderoben, stattete sich mit einem Umhang samt Umhängebart aus und eilte auf die Bühne. Dort schritt er von Darsteller zu Darsteller und zischte: »Schmieren Sie nicht! Ich bin der Direktor!«, wobei er zum Beweis seiner Identität den Bart lüftete.

Nach der Premiere des Musicals »Guys and Dolls«, in dem Robert Meyer den Nathan Detroit gegeben hatte, erhielt er viel Lob. Das profundeste stammte sicherlich von einem mitwirkenden Kind, das von unten hinauf anerkennend zum Direktor sprach: »Gut, dass sie dir die Rolle gegeben haben!«

Aus Pannen werden Sternstunden

Den Rang als »Beschwichtigungshofrat« hat mir Robert Meyer in der Volksoper jedenfalls abgelaufen. Denn erstens ist er fast stets zu Vorstellungsbeginn im Hause – Anwesenheit ist eine nicht zu unterschätzende Voraussetzung für das Erscheinen vor dem Vorhang, wie sich weiter unten noch erweisen wird –, und zweitens verkauft er mit der ansteckenden Wonne des Erzkomödianten auch die misslichsten Vorfälle. Alfred Polgar charakterisierte den Effekt des »Komiker[s], der Kredit beim Publikum hat«, so: »Die Zuhörer lachen schon, wenn er nur Atem holt, um etwas zu sagen. Kommt dann wirklich etwas Lustiges, lachen sie zweimal auf einmal: erstens über das Lustige, zweitens aus Freude, dass ihr Vor-Lachen nicht hinausgeworfenes Gelächter war.« Das gilt eins zu eins für Robert Meyer. Ja, und drittens benötigt er für Ansagen kein Mikrofon, was dem Publikum Bewunderung abnötigt und die Akustikabteilung entspannt.

Mit einer seiner besten Rollen an der Volksoper, dem Sancho Pansa in »Der Mann von La Mancha«, hatte Meyer, wohl unbewusst, eine Einübung in diese besonderen Situationen vorgenommen: Sein gequälter Ausruf »Neue Katastrophen!« klingt mir heute noch im Ohr.

In der rednerischen Aufbereitung durch Direktor Meyer gewinnen Pannen den Anschein von Sternstunden. So etwa im März 2009, als die Vorkommnisse um eine »Figaro«-Aufführung

– 119 –

an der Volksoper sogar durch die Medien gingen. Nicht weniger als fünf Gräfinnen wurden nacheinander – davon zwei sogar parallel – aufgeboten, damit die Vorstellung stattfinden konnte. Am Vormittag hatte die vorgesehene Gräfin wegen einer Verkühlung abgesagt. Das vorgesehene Cover laborierte an den Folgen einer Kieferoperation, eine andere Studierte war hochschwanger, wollte und durfte sich der Anstrengung nicht aussetzen. Also wurde eine weitere Dame, die im Jahr davor die Rolle verkörpert hatte, kurzfristig hinzugezogen. Doch ein Jahr im Leben einer Opernsängerin kann sehr lange sein ... jedenfalls entpuppte sich die Kurzfristige als der Partie mittlerweile vollkommen unkundig. Als Robert Meyer diesen scheinbar hoffnungslosen Aufmarsch an Leider-Nicht-Gräfinnen dem Publikum ausbreitete, herrschte spätestens nach der Kieferoperation bebende Heiterkeit, die sich nach der Kurzfristig-Unkundigen zu johlendem Gelächter steigerte. Natürlich gab es aber ein Happy-End: Gerettet wurde der Abend nämlich durch das Ensemblemitglied Elisabeth Flechl, die die Arien der Gräfin (auf Italienisch!) vom Bühnenrand sang, während die indisponierte Melba Ramos spielte und die deutschen Rezitative zum Besten gab.

Haushofmeisterlosigkeit

Weniger personalreich, aber womöglich noch spannender, weil gedrängter, ließ sich eine Aufführung von »Ariadne auf Naxos« an der Volksoper an. Eine halbe Stunde vor Beginn der Vorstellung wurden routinemäßig die Künstler in ihren Garderoben besucht – alle da, bis auf einen: den Darsteller des Haushofmeisters, Peter Matić. Hektisches Telefonieren brachte – mittlerweile zwanzig Minuten vor Aufführungsbeginn – die erschreckende Tatsache ans Licht, dass der Schauspieler in Kürze die Bühne des

Burgtheaters betreten würde. Ein unerklärlicher Planungsfehler, der denn auch nicht allzu oft vorkommt.

Unter der Direktion von Ioan Holender hätte es wohl noch in derselben Minute ein Blutbad im Direktionsstock gegeben. Robert Meyer meinte, nicht ohne Anspannung im vorgeschobenen Unterkiefer: »Naja, werma halt beichten müssen«, und tat dies höchstpersönlich. Er schwang sich vor den Vorhang und verkündete, dass »heute die Kommunikation mit dem Burgtheater zusammengebrochen« sei, dass aber die Volksoper »wie immer Glück« und in Alfred Werner einen wohlstudierten Rollenvertreter hatte. Der Held des Abends verkörperte den singenden Lakai und den sprechenden Haushofmeister »gleichzeitig« – wer »Ariadne« kennt, der weiß, dass dieses Wort im Stück eine besondere Bedeutung hat ...

Das Vorspiel ging gut über die Bühne, der Direktor war natürlich geblieben und eilte nach Fallen des Vorhanges sofort in die Kulisse, um Alfred Werner zu beglückwünschen. Dort kam ihm aber der zweite Unglücksfall des Abends entgegen ... in Gestalt der virtuosen Daniela Fally, die sich bei einer sportlichen Einlage die Schulter ausgekegelt hatte!

Zu Beginn des zweiten Teiles erschien also wieder der Hausherr vor dem Vorhang. In das gespannt-freundliche Raunen des Publikums hinein verkündete er: »Zweimal bin ich noch nie an einem Abend zu Ansagen erschienen.« Er berichtete von Fallys Verletzung, bat um Verständnis, dass man sich heute »nur an ihrer stimmlichen, nicht aber an ihrer körperlichen Akrobatik« werde delektieren können, und schloss unter tosendem Beifall: »Aber noch einmal komme ich heute nicht.«

Der Professor vom Hotel Sackerl
Unser aller Marcel Prawy

Kann Professor Dr. Marcel Prawy jemals vergessen werden? Wir, die wir ihn kannten, denen er Teil des Lebens war, müssen jetzt heftig verneinen. Aber fragen Sie einmal eine Schulklasse von 15-Jährigen, wer Romy Schneider war ... wenn es ein oder zwei Kinder wissen, haben Sie (oder eher: die Kinder) Glück.

Kaum sieben Jahre nach seinem Tode lebt die Erinnerung an diesen außerordentlichen Menschen in unseren Köpfen und Herzen. Der ORF, der Prawy zu ewiger Dankbarkeit verpflichtet sein

Egal, was Sie beim Betrachten dieses Bildes denken mögen: Marcel Prawy hat in diesem Moment über den »Ring des Nibelungen« erzählt. Und dabei die Funktionsweise eines Ringes veranschaulicht!

müsste, lässt den Schatz seiner Sendungen im Archiv ruhen, anstatt sie regelmäßig aufs Programm zu setzen. Aber wenn schon die Glockenhose ihre Auferstehung feiert, könnte doch auch das Schaffen Marcel Prawys zu neuem Leben erweckt werden – die Hoffnung darauf darf man jedenfalls nicht sinken lassen.

Die Aufgabe, Marcel Prawy zu erklären, kann ich nicht übernehmen. Man muss ihn einfach erlebt haben. Vielleicht mag aber ein Artikel, den ich in Erinnerung an Prawy zu dessen 95. Geburtstag für »Die Zeit« verfasst habe, das Phänomen Prawy näher rücken – als Hinführung für Nichtkenner, als Memento für Kenner.

Glück, das ihm verblieb –
Zum 95. Geburtstag von Marcel Prawy

Der deutsche Kunde im Wiener Feinkostladen:
»… und dann hätte ich noch gerne eine Tüte.«
Der Verkäufer (sehr indigniert): »Sackerl haaßt dös.«

Wie der Alkoholiker seine Liter in putzige »Achterln« einteilt und man bei der Bassena zu einem »Plauscherl« zusammenkommt – auch wenn die Unterhaltung Stunden über Stunden dauern sollte –, so wird selbst das voluminöseste Kunststoffgebinde hierzulande »Sackerl« genannt, Mehrzahl »Sackerln«.

Marcel Prawy besaß sie in Mehrzahl – es wurde im Finale seines Lebens eine erdrückende Überzahl, die ihn aus seiner Wohnung in das Refugium des Hotel Sacher trieb. Natürlich gelang es ihm, aus der Nobelherberge im Handumdrehen sein eigenes »Hotel Sackerl« zu machen. Er mied Papiersäcke (zu reißfreudig), verabscheute feine Aktentaschen (»Auf die kann man doch nichts draufschreiben!«), bevorzugte die großen hellen Stücke (von Billa, Spar oder Löwa), die im oberen Viertel mit dickem schwarzen Filzstift beschriftet wurden.

Prawy gilt, auch noch Jahre nach seinem Tode, als Herr der Sackerln, als Herr mit den Sackerln. Er hat sie nobilitiert, nicht bloß, weil er den großväterlichen Adelsbrief in einem von ihnen aufbewahrte. Kosmopolit und kauziges Wiener Original zugleich, lebte er sein monomanisches Opern-Liebe-Lehr-Leben aus seinen Sackerln heraus und in sie hinein. Das waren ja nicht nur Transportmittel, sondern Ordner, archivalische Einheiten, dehnbare Schatzkisten, aus denen je nach Bedarf Dokumente, Noten, CDs oder Fotos (letztere bisweilen in beklagenswertem Knitterzustand) herausgezaubert wurden. Und neues Material verschwand – »am besten in dreifacher Ausführung, weil eins verliert man, das Zweite findet man nicht, das Dritte hat man dann« – in alten oder neu angelegten Sackerln.

Es war ein berührender Moment, als der alte Herr einmal (ich durfte ihn zu Hause besuchen, Kaffee gab es keinen, da der Herd überwuchert war – von Sackerln!) im schlampigen Hausanzug ein unbeschriftetes Exemplar unter dem Bett hervorzog und aus diesem ein vergilbtes Foto: »Das ist ja meine Mutter«, stammelte er mehrmals. In das peinlich organisierte Chaos hatte sich ein Stückchen privater Vergangenheit eingeschlichen …

Zweimal hatte ich die Ehre, Marcel Prawy in Schriftform zu porträtieren. Wie konnte es nur sein, dass Thesaurus den prominenten Namen nicht kannte und mir konsequent vorschlug, »Marcel Prawy« in »Marille Party« zu ändern? Ihn hat das natürlich maßlos amüsiert, auch wenn er das Rechtschreibsystem nicht kannte, weil er nie am Computer, sondern – wenn überhaupt – auf einer klapprigen alten Schreibmaschine tippte. (Übrigens: Als ich, völlig uneitel, in Wikipedia nach meinem Namen suchte – Gott sei

Dank existiert neben dem komischen Begriff »googeln« nicht auch noch das »Wikipedisieren« –, frug das Computer-Nachschlagewerk frech zurück: »Meintest du ›walter-trechwitz‹?« Wenn Wikipedia mich schon nicht kennt, sollte es mich eigentlich auch nicht duzen, oder?)

Meinen biographischen Versuchen war die zweimalige Ehre vorausgegangen, unter den wachsamen Blicken des Eigentümers in die Wunderwelt des Nylon-Archives einzutauchen: 1990/91, als ich an einem biographischen Projekt zu Prawys 80er beteiligt war, und ein Jahrzehnt später, als es galt, zum 90. Geburtstag des Meisters eine Ausstellung im Österreichischen Theatermuseum zu gestalten. Die Biographie hat er virtuos vereitelt (um dann zum 85er selbst »aus seinem Leben« zu erzählen), was mich nicht davon abhielt, monatelang mehrere Dutzend prall gefüllter Sackerln in meiner Wohnung zu lagern. Die latente Gesundheitsgefährdung machte dem Sack-Spuk ein Ende. Denn Kunststofftüten haben nun einmal die elektrostatische Marotte, Staub anzuziehen und ihn bei jeder Berührung in reichem Maße wieder abzugeben. 2001, im Jahr der Ausstellung, war man schon klüger: Thomas Trabitsch, nachmaliger Direktor des Theatermuseums, und ich rückten mit Mund- und Handschutz in Prawys Wohnung ein, wie japanische Gesundheitspolizisten bei der Inspektion eines verdächtigen Sushi-Wirten. Ein findiger Ausstellungsarchitekt hat den Rechercheprozess anschaulich nachempfunden: Jede der großen kreisrunden Vitrinen im Theatermuseum stellte einen Lebensabschnitt des Gefeierten dar und beinhaltete ein von Prawy eigenhändig beschriftetes Sackerl, dem das entsprechende Material »entfloss«. Nur den Stoffeseln – von denen wir höchstens ein Dutzend in eine Vitrine zwängten – blieb es erspart, dem Plastik zu entsteigen.

Der Professor vom Hotel Sackerl

Aha. Mit Stofftieren spielte er also auch? Allerdings, und zwar hingebungsvoll. Je älter man ist, desto mehr wird man zum Kind ... und desto mehr man selbst. Ist das ein Widerspruch? Bei Marcel Prawy jedenfalls nicht. Er hat seine problematische Kindheit einerseits virtuos verdrängt, andererseits unübersehbar und mit bekennender Infantilität mitgeschleppt. Die Kränkungen, die Idole, die Sehnsüchte der Kindheit, sie blieben noch im hohen Alter für ihn prägend, erhielten ihn neugierig und begeisterungsfähig und machten ihn gleichzeitig ... nun, sagen wir: kurios und individuell. Wir könnten, wenn wir von Prawys gewinnender Liebenswürdigkeit abstrahierten (unmöglich!), auch von Rechthaberei und Intoleranz sprechen. Ein Opernzelt für Kinder auf dem Dach der Wiener Staatsoper? »Eine Verschandelung! Man sollte dieses blöde Zelt mit einer Rakete herunterschießen!« (»Marcel, bitte, sag das nicht ... drei Wochen nach dem 11. September!«) »Und überhaupt, wozu Kinderoper? Die Opern meiner Kindheit waren ›Die Meistersinger‹ und der ›Ring‹! Die Kleinen sollen die großen, ewigen Meisterwerke besuchen und nicht glauben, in der Oper geht es um singende Häschen und Äffchen!«

Die meisten Regisseure und Bühnenbildner kamen nicht besser weg: »Schau dir dieses entsetzliche Bühnenbild der ›Sizilianischen Vesper‹ an«, grollte er eines Nachmittages und zerrte mich mit seinem eisernen Griff auf die Seitenbühne der Staatsoper. »Ich werde es irgendwann einmal in die Luft sprengen, und alle werden glauben, es war der Bin Laden!« (»Marcel, bitte nicht, vier Wochen nach ...«) Das größte Lob, das ich je über einen Regisseur der Nach-Ponnelle/Zeffirelli-Ära aus Prawys Munde gehört habe, war: »Das ist keiner von den Teppen.« Die meisten anderen aber fanden sich in Prawys persönlicher Verbrecherkartei ein. Dass »Regietheater das AIDS der Oper« sei, hätte er wirklich nicht sagen sollen – doch er hat es sogar mit Genuss geschrieben.

– 126 –

Marcel Prawy – ein pietätloser verkappter Terrorist? Das wollen wir denn doch nicht so stehen lassen. »Oper« bedeutete ihm viel mehr als eine angenehme Abendunterhaltung. Dieser Begriff war eine Welt für ihn und bedeutete schlichtweg: alles. Blenden wir uns zurück zum jungen Marcell Frydmann – das »von Prawy« war durch den Untergang der Monarchie weggeschwemmt worden, der polnische Nachname, übersetzt »der Gerechte«, wurde erst von Jan Kiepura seinem Sekretär wiedergegeben: »Haben Sie hässlichen Namen Frydmann behalten und schönen Prawy weggeschmissen? Machen Sie umgekehrt!« Das Haus am Wiener Opernring, wo er auch seinem ersten Chef Kiepura begegnete, war für Prawy nicht mehr und nicht weniger als ein Gotteshaus. Dorthin flüchtete der Halbwüchsige vor seiner zerbrechenden Familie, vor antisemitischen Ausschreitungen, vor der immer deutlicher werdenden Unmöglichkeit der Assimilation in einen politikfreien, dafür aber kunsterfüllten Raum. Dort konnte man Glück und Schmerz ausleben, dort standen die späteren Nazis und die späteren Opfer der Rassegesetze Seite an Seite in trauter Eintracht, entzweit nur durch die Vorlieben oder Abneigungen für bestimmte Primadonnen.

Wohlgemerkt waren die Sänger und Sängerinnen in dem törenden Gotteshaus nur die PriesterInnen (und das, obwohl Maria Jeritza, Jarmila Novotna oder Maria Cebotari einer heutigen »Diva« wie Anna Netrebko weder optisch noch akustisch nachstanden!); die Götter aber hießen Richard Wagner (gerade von jüdischen Opernfans unbändig verehrt) und Giuseppe Verdi; oder aber Richard Strauss, Pietro Mascagni und Erich Wolfgang Korngold – diese saßen sogar in der Loge oder standen am Dirigentenpult, waren die leibhaftig präsenten Schöpfer Himmels und der Erde, die jederzeit wieder zu einem neuen Geniestreich ausholen konnten … Es war ein lebendiger Kosmos des Opernglückes, der in Prawy durch die Jahre der Emigration, der Rückkehr, des Existenzkampfes und seiner schlussendlichen Etablierung als Medienikone weiterwaltete. Seine kindliche Verehrung für das Neue hat ihn zum ersten Musicalproduzenten Europas, zum Übersetzer des gesamten Bühnenwerkes von Leonard Bernstein, zum leidenschaftlichen Anwalt von Schlagergrößen wie Robert Stolz oder Udo Jürgens gemacht; seine zeitlose Adoration für die alten Meister hat ihn als Lehrer befeuert, der gleichwohl besser als alle anderen wusste, dass eine Kunstform, die sich nicht mehr publikumswirksam erneuert, tot ist – lang lebe das Opernmuseum!

So kam es, dass Professor Dr. Marcel Prawy nicht nur Pionier, Produzent und Propagandist des Neuen war, sondern auch Museumswärter und -führer. Ein schrulliges Original, das durch seine blumig-überbordenden Ausführungen ebenso faszinierte wie durch das Wissen, das diesen zugrunde lag. »In meiner Jugend brauchte man keinen Opernführer. Die Menschen haben noch alles gewusst. Heute, wenn ich sage: ›Die ‚Aida‘ spielt in Ägypten‹, glauben die Leut’, ich bin ein Genie.«

Als wir dem Ausstellungskatalog zum 90er den Titel des prachtvollen Duetts aus der »Toten Stadt« von Erich Wolfgang Korngold gaben, war Prawy wütend: »Schau dir das Buch an: Mein Bild, und drunter steht ›Glück, das mir verblieb‹ – die Menschen werden glauben, ich bin unter die Schundautoren gegangen und werden das Buch kaufen, weil sie eine Liebesgeschichte darin vermuten. Es weiß doch keiner mehr, dass das der letzte Opernschlager war!«

Und trotzdem passte der Titel. Das Glück, das ihm verblieb (und das er nie gegen privates Glück einzutauschen vermochte), hat er geteilt mit allen, die von Schönheit angerührt werden wollten. Als Beruf hat er »Zuhörer« angegeben und als höchstes Ziel

Ich bin hochzufrieden, wenn Prawy mich auch nur halb so gern gehabt hat wie ich ihn.

»Liebe zu lehren«. Der Umgang mit den Stars hat ihn selbst zum Star gemacht, das liebevolle Pflegen und trotzige Verteidigen von Meisterwerken ließ ihn zum Meister reifen. Und nun hängt er selbst in der Galerie der Originale, bereit, zu seinem 95. Geburtstag bestaunt zu werden.

Rückwärtsgang

So weit der »Zeit«-Artikel (irgendwie stimmt es mich nachdenklich, dass bereits Prawys Hunderter im Dezember 2011 herannaht). Doch es gibt noch einige andere Erinnerungen, von denen einige hier folgen sollen.

Folgende Anekdote erzählte ich einmal Karl Hohenlohe, der sie – unter kunstvoller Hinzufügung einiger Frechheiten gegen mich – in einer Kolumne unter dem Titel »Rückwärtsgang« verarbeitete. Gerne gebe ich sie aus sozusagen dritter Hand wieder:

»Vor 95 Jahren wurde die berühmte Opernkoryphäe Marcel Prawy geboren, und gestern konnte ich eine schöne Geschichte aus seinem Dasein in Erfahrung bringen. Erzählt wurde sie von dem sicher bald bekannten Chefdramaturgen der Wiener Volksoper, Christoph Wagner-Trenkwitz, einem stets versiegenden Quell von Prawy-Anekdoten.

Es war nach einer sehr gelungenen Aufführung in der Staatsoper. Marcel Prawy winkte ein Taxi herbei und stieg ein. Selbstverständlich erkannte der Chauffeur seinen prominenten Gast und verwickelte ihn in ein längeres Gespräch. Das heißt, Gespräch ist etwas übertrieben, Prawy schwieg und der Taxifahrer monologisierte eisern vor sich hin. Es kam, was kommen musste, der Chauffeur spannte einen riesigen Bogen von der Wiener internationalen Gartenschau über Robert Lembke bis hin zu der guten alten Zeit, die für den Taxifahrer 1945 zu Ende gegangen war. Damals herrschte man noch mit der sprichwörtlichen eisernen Faust und überhaupt sei es wieder höchste Zeit für einen neuen starken Mann, einen neuen Führer. Der Taxi-Chauffeur: ›So an wia da Kreisky.‹ Prawy zahlte und stieg aus.«

Und noch ein paar Autogeschichten

Marcel Prawy war ein passionierter Autofahrer. Für seine Beifahrer wirkte sich dies eher als Passion in anderem Wortsinne aus. Ich kam einmal in den Genuss einer Tour von Salzburg auf den Vollererhof, seinem Feriendomizil. Meistens hatte der enthusiastisch schildernde Chauffeur zumindest eine Hand am Lenkrad, aber nicht immer. Über Stock und Stein ging es, in aberwitzige Kurven, manchmal unter lebhaften Unmutsbezeigungen der anderen Verkehrsteilnehmer. Aber konnte das den Meister der flüssigen Rede in seinem Erzählfuror bremsen? Mitnichten. Ich jedenfalls war recht beruhigt, als ich wieder festen Boden unter den Füßen hatte.

Als Marcel Prawy noch Chefdramaturg der Volksoper war, hat sich folgende Geschichte zugetragen. Der stets Gehetzte trat mit gezücktem Autoschlüssel aus dem Gebäude, fand sein Gefährt aber nicht. Also bestieg er ein Taxi, das er in konzentrischen Kreisen um das Theater an der Währinger Straße dirigierte, bis der private Pkw endlich gefunden war. Doch wie schnell vergisst ein vielbeschäftigter Geist, warum er sich einem bestimmten Fortbewegungsmuster ausgesetzt hat! Prawy sprang in sein Auto und fuhr noch für eine gute Viertelstunde weiter rund um die Volksoper ...

Einmal, so erzählt man sich, erwartete Prawy seinen Chauffeur im neben der Volksoper abgestellten Wagen. Dieser hatte sich aber bereits abgemeldet, was Prawy entfallen war. Also nahm er auf dem Beifahrersitz Platz, harrte unbeirrt und schlief dabei ein. Die Schilderungen gehen auseinander, wie lange der Professor in seinem Auto selig geträumt hat ...

Nur für Herren

Diese Geschichte spielt auf der Herrentoilette, und zart besaitete Gemüter mögen sie überspringen.

Marcel Prawys Berühmtheit, die zu jeder seiner Shows riesige Publikumsmengen anlockte, war allen bekannt – außer ihm selbst. Er zweifelte ständig am Erscheinen auch nur einer Handvoll Interessierter, vertraute seiner Attraktivität nie, warb und kämpf-

– 131 –

Der Professor vom Hotel Sackerl

te. Einstmals lud man ihn als Ehrengast in die ziemlich kleine Freie Bühne Wieden, ich sollte sein Interviewer sein. Schon Wochen zuvor beschäftigte ihn eine bange Frage, mit der er mich regelmäßig traktierte: »Meinst du, kriegen wir das Theater überhaupt voll? Wird jemand kommen?« Ich beruhigte ihn, dass der kleine Raum bereits mehrfach überbucht sei, dass Wartelisten geführt wurden ... vergebens, die Sorge ließ ihn nicht los. Als ich ihm eines Abends in einem Pausenraum der Staatsoper begegnete, hieß er mich ihm folgen: Er müsse mit mir reden, aber eine innere Stimme zwänge ihn auf die Toilette. Ich ging folgsam mit. Prawy stellte sich ans Pissoir, ich – in Ermangelung einer anderen Beschäftigung – zwei Muscheln daneben. Während wir, für wenige Momente schweigend, wie echte Männer dastanden, stellte sich ein Dritter an das Becken zwischen uns. Plötzlich

Das war sie, die Veranstaltung in der Freien Bühne Wieden, die wir dann doch vollgebracht haben. Über allem wachte die Organisatorin Ingeborg König.

brach es aus Prawy hervor: »Meinst du, wir kriegen es voll?« Der Dritte zuckte zusammen, zwei schnelle Blicke trafen uns, die von der Besorgnis kündeten, unschuldiger Zeuge eines Rekordversuches zu sein. Prawy: »Wir müssen uns richtig anstrengen, um es voll zu kriegen.« Dem Dritten wurde es noch mulmiger. Prawy: »Wenn sie den Bush und den Gorbatschow hinstellen, wird's vielleicht voll. Aber mit uns?« Der Dritte beendete sein Geschäft mit ein paar hektischen Bewegungen und verzog sich. Offenbar wollte er nicht Zeuge sein, wie ein alter und ein junger Wahnsinniger eine außergewöhnliche Verdauungsleistung vollbrachten.

Liebe lehren – und noch mehr

Marcel Prawy konnte nicht anders, als zu lehren. »Liebe lehren« wollte er, und das ist ihm meistens auch gelungen. Für einen angehenden Moderator wie mich bedeutete seine Erfahrung, die er freigiebig teilte und mitteilte, eine unglaubliche Inspiration.

Vor dem Hotel Sacher, seinem Wohnsitz der letzten Jahre, lieferte er einmal eine Lehrstunde und Kabarettnummer in einem. Er war halb dem Taxi entstiegen, hatte einen Fuß schon auf dem Randstein, und begann plötzlich, über beliebte Moderatorenfehler zu philosophieren. »Zunächst entschuldigst du dich endlos für deine Anwesenheit. ›Guten Tag, meine Damen und Herren, schön, dass Sie da sind, ich freue mich, dass Sie so zahlreich erschienen sind‹ (hast du schon einmal ein Publikum zahllos erscheinen sehen?), ›und das bei diesem schönen Wetter‹ (erinnere sie daran, und schon leeren sich die ersten Plätze), ›wir werden uns heute mit Puccinis ‚Bohème‘ befassen‹ (das wissen sie, dafür sind sie ja hergekommen), ›Puccini und seine ‚Bohème‘, ein weites Feld, ein schweres Thema‹ (jetzt verunsicherst du sie, weil sie fürchten, sie sind dem Thema nicht gewachsen), ›aber keine

– 133 –

Angst, ich werde mich kurz fassen.‹ Warum? Die Leute sollen dir doch gerne zuhören! Dieselben Moderatoren verabschieden sich mit den Worten: ›Leider hat unsere Zeit nicht ausgereicht ...‹ Jetzt fühlen sich die Leute endgültig betrogen, weil sich der da oben die Zeit nicht einteilen kann!«

Stellenweise

Prawy verfügte nicht nur über das Wissen um die richtigen Klatsch-Stellen (das sind die Momente, bei denen zum Lob des Sängers oder der Sängerin in Applaus ausgebrochen wird – eine etwa weitertönende Musik wird einfach überjubelt). Er war auch willenlos seinen sogenannten Heulstellen ausgeliefert. Ich habe in einem anderen Kapitel über Kleibers »Rosenkavalier« berichtet, dass ich einem Heulanfall anheimfiel. Olive Moorefield konnte nicht glauben, dass es so etwas gibt: »Eines Abends waren wir in einer wunderbaren ›Elektra‹-Vorstellung. Ich wandte mich zu ihm, wollte etwas sagen, da sah ich ihn schluchzend und heulend neben mir sitzen – es war die ›Erkennungsszene‹. Und kaum war sie vorbei, war er wieder ganz der Alte. Das gibt es doch nicht, dass man immer bei genau denselben 32 Takten heult, das glaube ich ihm bis heute nicht.« Es ist aber trotzdem so ...

Ein einmaliger »Unfall«

Die nach wie vor bezaubernde Olive Moorefield hat mir für mein Buch »Musical an der Volksoper«, das ebenfalls im Amalthea Verlag erschienen und vorbehaltlos zu empfehlen ist, eine prachtvolle Anekdote erzählt. Da es sich um Prawys Produktion von »Porgy and Bess« an der Volksoper handelt, müssen wir unser Thema nicht einmal verlassen:

»Ich werde nie den Moment vergessen, als mir Marcel Prawy den Darsteller des Crown, James Randolph, vorgestellt hat. Ein sehr gut aussehender baumlanger Kerl marschierte breitbeinig auf mich zu, stemmte die Arme in die Hüften, sah zu mir herunter und sagte mit halblauter Stimme: ›Hello … you want me, don't you?‹ (›Hallo, du willst mich, stimmt's?‹) Prawy wurde blass und fuchtelte herum, ich war sprachlos und stotterte irgendetwas. Jimmy Randolph hatte seinen ersten Sieg, ich war völlig verdattert.

Diese Spannung blieb zwischen uns die gesamte Probenzeit aufrecht. Ich war auf der Hut und hielt mir Jimmy vom Leibe. Auch der Regisseur Nat Merrill merkte, was los war und konnte sich nicht entschließen, die Vergewaltigungsszene mit uns beiden zu proben. Erst zwei Tage vor der Premiere stellte er die Szene: Randolph sollte mir meine Bluse, die mit Klettverschluss befestigt war, vom Leibe reißen, und ich ihm sein Hemd.

Bei der Premiere dachte ich dann: Ich werde diesem Großmaul das Maul stopfen! Ich begann also wirklich, ihn auf der Bühne zu verführen. Jimmy Randolph wurde immer aufgeregter und ziemlich nervös. Als es zu unserer Vergewaltigungsszene kam, packte er meine Bluse mit solcher Gewalt, dass er meinen BH mit erwischte … er riss an, und plötzlich stand ich mit völlig nacktem Oberkörper da! Mein erster Gedanke war: O Gott, ich habe ja gar kein Make-up auf dem Busen! Ich umarmte schnell meinen Bösewicht und zog ihn zu mir runter, damit ich bedeckt war. Von der Seitenbühne und der Beleuchterbrücke hörte ich es murmeln und schnattern – die hatten alle nicht mit einer so lebensechten Szene gerechnet!

– 135 –

Dieser aufregende ›Unfall‹ hat allen so gut gefallen, dass man meine Nacktszene beibehalten wollte. Das hörte ich aber nur hinter vorgehaltener Hand – keiner traute sich, mich danach zu fragen! Und so blieb der BH ab der zweiten Vorstellung an ... ja, manchmal zahlt es sich schon aus, die Premiere zu besuchen!«

Kiepura an Prawy

Mit dem »Porgy«-Premierenbericht haben wir uns in jugendverbotene Bereiche bewegt; nun sei eine einprägsame Briefstelle zitiert. Jan Kiepura (»Gott, was man von dem alles lernen konnte«) pflegte mit seinem ehemaligen Sekretär Marcel Prawy eine intensive Korrespondenz. Ein handschriftlicher Brief aus dem

Zwei bewegende Dokumente. Die handschriftliche Notiz pflegte Prawy zu Siesta-Zeiten an seine Bürotüre zu heften, der lebensweise Zusatz unter dem Kiepura-Brief ist vis-à-vis wiedergegeben.

Jahre 1957 trägt ein P. S., das durchaus als allgemeine Lebensweisheit gelten kann: »Esse langsam und fögle [sic!] mindestens jeden zweiten Tag dann!! wird alles gut!«

»Denk dran ...«

Mit dem Tenor Kurt Baum freundete sich Marcel Prawy in den vierziger Jahren in New York an. Bei Baums Debüt an der Metropolitan Opera war Prawy anwesend, begleitete den Hochnervösen bis zur Seitenbühne. Knapp vor seinem Auftritt flehte der Debütant: »Marcel, mach mir Mut, sag mir noch etwas Liebes.« Prawy antwortete spontan: »Denk dran, Kiepura bist du keiner!«

Diese Anekdote erzählte ich unvorsichtigerweise dem Produktionsleiter Thomas Novohradsky. Als ich bei meiner ersten Staatsopernmatinee dem Auftritt entgegenfieberte, kam es, wie es kommen musste. Novo schubste mich hinaus mit dem ermutigenden Satz: »Denk dran, Prawy bist du keiner!«

Daran denke ich fortan, und besser kann dieses Kapitel wohl nicht zu Ende gehen.

Alles Mozart!

Geschriebenes aus dem Jahre 2006

Dem Opernball wird oft vorgeworfen, dass der traditionelle Ruf »Alles Walzer!« sprachlich falsch sei. Ich aber finde, wenn man »Alles Gute« (oder mit Ernst Jandl: »Wir alle wünschen allen alles Liebe«) und »Alles auf« sagen kann, darf es auch »Alles Walzer« und »Alles Mozart« heißen. Letzteres herrschte 2006, denn das war, wie wir nicht so schnell vergessen werden, Mozart-Jahr. Ich hatte in mehreren Hinsichten Gelegenheit, an und in diesem Jahr mitzuwirken, als Moderator, Programmgestalter, Organisator und als Autor.

Der Intendant des Wiener Mozartjahres, mein Freund Peter Marboe, lud mich ein, mit Michael Niavarani einen launigen Abend im Gartenbau-Kino zu gestalten. Nia war und ist zwar ebenfalls mein Freund, aber einigermaßen bekannt dafür, dass er nach einem kurzen Strohfeuer der Zustimmung aus Projekten sang- und klanglos aussteigt. Ich rief Nia umgehend an und unterbreitete ihm Peter Marboes Vorschlag. Er zeigte sich hoch interessiert; als ich ihn einige Zeit später zur Detailarbeit an unserem Mozart-Abend einlud, bat er mich nachdrücklich und flehentlich, ihn aus dem Spiel zu lassen. Warum war ich nicht überrascht?

Das Spiel hatte nun allerdings begonnen, ich war Marboe im Wort. Also sammelte ich ein anderes Team um mich, von dem ich mir mindestens genauso viel versprach: der »Klavierhumorist«

Hier denkt die Erzkomödiantin Ulrike Beimpold (flankiert von Martina Dorak) in der »Fledermaus« scharf nach. Mit Alexander Kuchinka und mir hat sie das »arme Nannerl« gespielt – ebenfalls hervorragend!

(ein Berufstitel, den Hermann Leopoldi getragen hatte) und begnadete Texter Alexander Kuchinka und die Erzkomödiantin Ulrike Beimpold. Man gab unserem Programm den Namen »Entertainment für Mozart«, wir korrigierten ihn in »Das Wolferl und die liebe Libido«. Es war streckenweise überhaupt nicht jugendfrei, und Peter Marboes halbwüchsige Sprösslinge, die bei der Premiere in der ersten Reihe saßen, haben sich köstlich amüsiert. Ausschnitte aus dem Text bilden den ersten Teil meiner nachfolgenden mozartischen Reminiszenzen an das Jahr 2006.

In der Volksoper wurde neben einigen unsterblichen Opern des Salzburger Meisters auch ein Abend mit Nikolai Rimski-Korsakows ersterblichem Einakter »Mozart und Salieri« und Mozarts

»Schauspieldirektor« angesetzt. Wohlgemerkt stammt eine Handvoll genialer Musik-Nummern unter diesem Titel von Mozart,
das dazu gehörige Theaterstück jedoch erwies sich selbst bei
bestwollender Durchsicht als unspielbar. Also machte ich mich
daran, den Text komplett neu zu gestalten. Ich schrieb Helmuth
Lohner die Figur eines Intendanten des »Keinmozartjahres« auf
den Leib. Derselbe (Lohners Leib) machte uns allerdings einen
Strich durch die Rechnung: Wenige Tage vor der Premiere musste der Künstler wegen eines hartnäckig entzündeten Fußes (das
Tragen von Stöckelschuhen in dem Stück »Bunbury« hatte sich
als fatal erwiesen) absagen. Nun strich ich gnadenlos in meinen
Texten herum, die ich als stolzer Autor kurz zuvor noch mit Zäh-
nen und Klauen verteidigt hatte: Ich war nämlich selbst der einzig mögliche Einspringer. Der Abend fand statt, manche Zeitung
konnte ihm sogar etwas abgewinnen, wie etwa »Die Presse«: »Von
allen Versuchen, die vier Gesangsnummern aus dem ›Schauspieldirektor‹ zu einem spielbaren Ganzen zu formen, ist Christoph Wagner-Trenkwitz’ Bearbeitung zweifellos die originellste:
der gescheiterte Versuch eines ›Keinmozartjahres‹, voll von aktu-
ellen Anspielungen. Damit nicht genug, musste der künstlerische
Koordinator des Hauses wegen Erkrankung Helmuth Lohners
als ›Intendant‹ Frank einspringen und entledigte sich dieser Aufgabe so, als hätte er nie etwas anderes getan: Souverän und
humorvoll, präzise in der Diktion – es wächst der Mensch mit
seinen höheren Zwecken …« Die Textgrundlage dieses höheren
Zweckes ist hier ebenfalls abgedruckt.

Schließlich bat Peter Marboe noch Alexander Kuchinka und
mich, für einen festlichen Abschlussabend des Mozartjahres im
Wiener Rathaus eine Doppelconférence beizutragen. Wir taten
dies, indem wir einen »Klassiktreffpunkt« fingierten, in dem das

Genie selbst vor das Radiomikrofon gezerrt wird. Dieser kleine Text ist der dritte in dem humoristisch-mozartischen Triptychon, über dem nun der Vorhang aufgezogen wird …

DAS WOLFERL UND DIE LIEBE LIBIDO

Von und mit: Ulrike Beimpold (Beim), Alexander Kuchinka (Kuch) und Christoph Wagner-Trenkwitz (Cwt)

CWT: Herzlich willkommen. »Entertainment für Mozart« heißt diese Nachmittags-Stunde angeblich. Wir finden, wenn einer sieben Mal so lang tot ist, wie er gelebt hat, muss man ihn auch nicht mehr entertainen. Also haben wir uns entschlossen, Sie, meine Damen und Herren enter zu tainen. Und welches Thema wäre entertainiger als das eine. Ja, auch wenn wir dazu neigen, ihn postum zu chlorifizieren, wie ein asexuelles öffentliches Tröpferlbad – auch Mozart hat stets an das Eine gedacht.

(Klavier: die ersten Takte der Zauberflöten-Ouvertüre, Beimpold auf)
An seine Zauberflöte.
Und hier ist also unser wahrer Titel: »Das Wolferl und die liebe Libido«.
Ihm war es ziemlich gleich, »lieb i do, oder lieb i durt …« Für die erste Spielszene haben wir Mozarts sexuelles Prägeerlebnis rekonstruiert; ich habe unermüdlich recherchiert, sogar den Karl Hohenlohe gefragt: »Sag mir, mein lieber Karl, wie hättest du die Kaiserin Maria Theresia angesprochen? Hoheit oder Majestät?« Er hat geantwortet: »Un-bedingt Majestät.« Also zur Sache: Am 13. Oktober 1762, Mozart ist sechs Jahre alt, wird er von Kaiser Franz I. und Maria Theresia gnädig

aufgenommen und konzertiert vor dem Herrscherpaar, d. h. er spielt auf dem Klavier. Der Vater erinnerte sich (weil es nicht besonders lange her war): »... das Wolferl ist der Kaiserin auf die Schoß gesprungen, sie um den Halß bekommen, und rechtschaffen abgeküsst.«

Was nach diesem Kuss passierte, wird heute erstmals enthüllt:

»Unbedingt Majestät«
Dialog Beimpold (Maria Theresia), Kuchinka (Wolferl)

(Das Wolferl sitzt der Kaiserin auf der Schooß und scheint's zufrieden.)

MARIA THERESIA: Schön hat Er g'spielt.

DAS WOLFERL: Danke, Unbedingt-Majestät. Man swingt.

MARIA THERESIA: Wolferl, Er ist ein Talenterl. Ja, vielleicht wird er einmal gar ein Schenie?

DAS WOLFERL: Mein Herr Vatter sagt, ich muss. Ein Schenie werden. Heißt das Schenie eigentlich so, weil sich's immer schenieren muss?

MARIA THERESIA: Aber geh, Schafskopferl. Er braucht sich für garnix zum Schenieren. Der Vatter sagt's, dann muss er ihn ehren und sich anstrengen.

DAS WOLFERL: Ich will aber nicht immer Klavier üben, wenn die andern Buben draußen mit dem Fetzenlaberl spielen. Warum nicht die Nannerl? Die ist genauso begabt wie ich. Aber der Papa sagt, die ist halt nur ein Mädel.

MARIA THERESIA: Und trotzdem macht sie ihm auch viel Freud, das weiß ich.

Wolferl, Er wird mir zu schwer. *(drängt ihn zum Aufstehen)*

– 142 –

Geschriebenes aus dem Jahre 2006

DAS WOLFERL: Unbedingt-Majestähät?

MARIA THERESIA: Hmm?

DAS WOLFERL: Machen Euch Eure Kinder auch viel Freud?

MARIA THERESIA: Ja, freilich.

DAS WOLFERL: Wo ... kommen die Kinder eigentlich her? Hat's was mit dem Schooßerl zu tun? Das fühlte sich grad gut an in Ihro unbedingt majestätlichem Schooße.

MARIA THERESIA: Wolferl ... Das soll Ihm Sein Vattern erklären.

DAS WOLFERL: Aber der hat nur zwo und Ihro unbedingte Majestät dero zwölfen ... Kinder.

MARIA THERESIA: Und trotzedem weiß er's grad so gut als ich. Außerdem, Wolferl, hat er seine Kunst und da braucht er sich nicht übers Kinderkriegen zu bekümmern.

DAS WOLFERL: Stimmt ja. Ich spiel mördergut Spinett, aber in Sachen Fortpflanzung bin ich ein Dillo, he.

MARIA THERESIA: Bist ja auch erst sechs ...

Wo die Pertl den Mozart holt

CWT: Erst sechs. Das war, so weit wir das zurückverfolgen können, Wolfgang Amadeus Mozarts erster Sex.

BEIM: Moment, also wenn ich mich da einmischen darf, der Sex beginnt immer schon bei den frühstkindlichsten Prägungen; also wenn wir uns nicht um die Mutterbeziehung vom Mozart kümmern, wird das überhaupt nichts.

CWT: Da ist natürlich etwas dran. Also beginnen wir bei der Mama. Maria Anna Mozart, geborene Pertl, ...

KUCH: Meine Mathematiklehrerin hat auch Pertl geheißen ... *(fragende Blicke von den beiden anderen)* ... wirklich. Bei der hab ich sogar mastu... maturiert.

– 143 –

Alles Mozart!

CWT: ... Pertl, geboren 1720 in Sankt Gilgen am Wolfgangsee, ...

KUCH *(spielt und singt Benatzky):* »Die Anna Pertl vom Wolfgangsee ...«

CWT: ... heiratete 1747 den Komponisten Leopold Mozart im Dom zu Salzburg.

BEIM: »... die heirat' den Poidl im Dom, ...«

CWT: Mit ihm hatte sie sieben Kinder, wovon jedoch nur zwei überlebten.

KUCH: »... fünf Kinder gingen verloren ...«

CWT: Tiefer geht's wohl nimmer.

KUCH *(schuldbewusst, so tief er kann):* »... verloren.«

CWT: Mozarts Mutter war eine sehr gesellige, heitere Frau. Sie liebte es, Freunde! Moment einmal ... Nein: Sie liebte es, Freunde, Nachbarn, Kinder, Hunde und Katzen um sich zu scharen. Sie dichtete gerne und schlecht und freute sich an derben Späßen und unfeinen, bäuerlichen Ausdrücken.

BEIM: Sie pflegte mit derben Verben ihre Sprache einzufärben.

CWT: Wolfgang wurde darin ihr gelehriger Schüler.

BEIM: Wolfgang Amadé hat die Kraftlyrik sozusagen *(verspricht sich)* muta, ... mitu ... mit der Muttermilli eingesogen.

CWT: Das kam ihm später zugute, als er sich gegen die Konkurrenz durchzusetzen hatte. Sagen Sie jetzt nicht, das hätte nix mit Sexualität zu tun; Mozart, wie ein jeder großer Kinstler, schuf natürlich auch aus der Sublimierung – deswegen haben wir heuer ja auch ein Sigmund-Freud-Jahr.

KUCH: Hamma a Freud mit dem Mozart-Jahr?

BEIM: Jedenfalls hamma a Freud- *und* a Mozart-Jahr.

CWT: Zurück zu den Frauen. Da war die ältere Schwester Maria Anna, genannt das Nannerl. In Kindertagen saß sie als kongeniales Mäderl neben dem Wolferl an der Tastatur – die Mozarts waren so etwas wie eine Rokoko-Trapp-Familie ...

aber je mehr das Leben voranschritt, desto mehr erblühte das
Talent des Bruders und desto mehr verkümmerte das ihre.

BEIM: Armes Nannerl.

CWT: Hätte aus ihr eine Supernänni werden können? Wäre sie
nicht vom Bruder überstrahlt worden und wäre sie nicht im
Schlagschatten des Vaters Leopold gestanden?

Nanni Get Your Gun (Musik: Irving Berlin)

LEOPOLD: Alles, was Nannerl kann, kann Wolferl besser,
Wolferl kann alles viel besser als du!

NANNERL: Kann er nicht!

LEOPOLD: Kann er doch!

NANNERL: Kann er nicht!

LEOPOLD: Kann er doch!

NANNERL: Kann er nicht!

WOLFERL: Kann ich doch!

LEOPOLD: Kann er doch!

LEOPOLD: Spielt schon Klavier, und nicht nur mit ein'm Finger,
Er nimmt schon mehr als ein Finger dazu!

NANNERL: Ich nehm vier!

LEOPOLD: Er gibt acht!

NANNERL: Ich nehm zehn!

LEOPOLD: Er nimmt zwölf!

NANNERL: Tut er nicht!

WOLFERL: Tu ich doch!

LEOPOLD: Tut er doch!

LEOPOLD: Macht noch in die Hose, doch ist schon Virtuose,
Spielt mit flinken Pfoten auch schon Achtelnoten.

– 145 –

Alles Mozart!

NANNERL: Ich spiel auch schon Sechzehntel –
LEOPOLD: Ja, hab' ich g'hört: nur halb so schnell.

LEOPOLD: Alles, was du spielst, das spielt Wolferl schneller,
Wolferl spielt alles viel schneller als du!
NANNERL: Allegretto!
LEOPOLD: Allegro!
NANNERL: Vivace!
LEOPOLD: Presto!
NANNERL: Kann er nicht!
WOLFERL: Kann ich doch!
LEOPOLD: Kann er doch!

LEOPOLD: Dieses Wunderkindel schläft zwar noch mit Windel,
Spricht noch kaum mit Ihnen, doch schreibt schon Sonatinen.
NANNERL: Doch ich sag's ganz unverblümt: damit wird er niemals berühmt!

LEOPOLD: Er schreibt bestimmt auch einmal zwei, drei Opern,
Zwei oder drei Opern schreibt der bestimmt.
NANNERL: Nicht mal zwei!
LEOPOLD: Sicher zehn!
NANNERL: Nicht mal eine!
LEOPOLD: Oder zwanz'g!
NANNERL: Macht der nie!
LEOPOLD/WOLFERL: Mach(t) er/ich doch, wirst schon sehn!
NANNERL: O naa, nie!

CWT: Ja, der Wolferl, Musik schreiben hat er können. Ein Genie
ist er wirklich geworden – aber das heißt ja nicht, dass er in
allem ein Genie war.

– 146 –

BEIM: Da fragt man sich doch: Wie klein war seine Nachtmusik wirklich?

Mozarts primäre Geschlechtsorgane waren jedenfalls seine beiden Ohren, bis über die er sich regelmäßig verliebte.

KUCH: Seine Liebe *ging* durch die Ohren, manchmal hing sie ihm aus denselben heraus. Hier die ultimative feminine Chronologie des Wunderknaben.

CWT: Wir halten uns in unseren Ausführungen weitgehend an den ersten Mozart-Biographen Friedrich Schlichtegroll – der hat wirklich so geheißen, aber wir halten uns nicht an ihn.

(Man singt, Musik: Rondo aus der Kleinen Nachtmusik:)

KUCH: Was dieser Mozart in die Griffel kriegt,
das wird von ihm vertont.
Auch wenn vom Kaiser er an Rüffel kriegt –
das isser eh schon gewohnt.

CWT: Was dieser Mozart in die Klauen kriegt,
das macht er zu Musik.
Und was er nebenbei für Frauen kriegt,
macht an andern Menschen neidig,
das macht uns sprachlos und beleidigt,
denn das ist schon mehr als Glück,
er hat an Trick,
der heißt Musik,
und steht ihm irgendwann im Weg wos,
spielt er schnell a paar Allegros,
bis mit brio er die Dame besiegt.

KUCH: Jetzt ist nur eines noch nicht klar:
wer denn für diesen Music Star
die große Dominante war –
das legen wir jetzt für sie dar …

(gesprochen:)

BEIM: Wer war seine Dominante?
Die Prim, das war die Frau Mama.
Sie war ganz weg, kaum war er da,
sie rief erfreut: »Jetzt ist er hier!«
und übrigens hieß sie Maria.
CWT: Die Schwester war die große Terz,
mit der verband ihn Sport und Scherz,
er lieh ihr manchmal seine Schier,
spielte mit ihr, auch am Klavier,
und zwar Stücke zu Händen vier.
Und auch die Schwester hieß Maria.
BEIM: Wer war seine Subdominante?
KUCH: Das war die Tochter von der Tante,
die er schon aus Augsburg kannte
und ganz zärtlich »Bäsle« nannte.
Doch eigentlich hieß, glauben Sie mir,
auch diese Frau wieder Maria.
CWT: Die erste Sext spielte er dann
mit einer Frau, die er aus Mann-
heim kannte und alsdann
in heißer Lieb zu ihr entbrannte.
Doch halten Sie sich fest, sie nannte
sich nicht Maria, sondern …
KUCH (singt und spielt aus »West Side Story«):
The most beautiful sound I've ever heard:
Aloysia, Aloysia, Aloysia, …
BEIM: Wie?
KUCH: Aloysia. Aloysia Weber.
BEIM: Wobei er, was für ihn nicht schlecht war,
bald der Aloysia Weber Knecht war.
So ein Streber. Echt wahr.

– 148 –

Geschriebenes aus dem Jahre 2006

KUCH: Die Aloysia,
  ich erfreu sie ja.
BEIM: Sie erfreut' ihn mit Gesange,
  kniff ihn zärtlich in die Wange.
  Und sie hielt ihm auch die Stange,
  wenn auch nicht besonders lange.
  (aussteigend) Also nicht die Stange, sondern die …
CWT: Weiter im Text:
  Mit dieser Sext
  hatte es sich bald ausgesexelt,
  denn sie hat den Ton gewechselt.
  Und grimmig sprach Aloysia,
  weil nicht besonders treu sie war:
BEIM: »Auf dich, mein Wolferl, scheiß i' a,
  ich wünsch ein schönes Neuesjahr,
  mein lieber Ex und Zweschtkenröster,
  versuch es doch mit meiner Schwester.«
KUCH: Mozart wedelt mit dem Schwanze
  für die neue Pomeranze,
  denn er fand se hübsch als ganze
  und ihr Name war: Constanze.
CWT: Constanze … die er bald schon Gattin nannte,
  obwohl er nicht so für sie brannte.
  Fortan ging er schön Andante
  an der Hand der Dominante.
  Sie schenkt ihm bald ein Leibesfrüchtchen
  und hier endet das Geschichtchen.
BEIM: … ich mein, es gibt auch noch Gerüchtchen,
  von dem überhaupt nicht züchtjen
  Salzburger Musikgenie.
  Bei so einem weiß man ja nie,

– 149 –

was Fakt ist und was Fantasie.
Das Wolferl hielt, auch wenn Sie lächeln,
manches Verzeichnis noch am Köcheln.
CWT: Es zog ihn hin zu Nancy Storace,
die erste Susanna im Figaro, riss
ihn hin; wer weiß, ob's wohr is.
BEIM: Er wollte ihr aufs Mieder sehn,
da sagte sie auf Wiedersehn.
CWT: … die Liebe macht nur Zores!
KUCH: Es heißt, voll Lieben gern getrieben
hat er's mit seiner Tonika,
die hieß eigentlich Monika,
doch wegen ihrem Damenbart
gab in seiner infamen Art
er ihr auch einen Namen zart:
und zwar:
Mundhaar-
Monika.
Arme Tonika.
CWT: Und war die Moni mal nicht da,
wechselt' er von der Tonika
auch gerne auf die Schnelle
in eine parallele
Molltonart,
namens Be-rn-hard.
Der hatte einen Herr'nbart.
Mit dem spielte er homophon,
mal Saxophon, mal ohne Ton.
BEIM: War Be-rn-hard auf Elba,
macht es sich Wolferl selber,
wobei er meist sehr schnell war.

Dann ging er zur Hotelbar
und aß ein Pfirsich Melba.
KUCH: Und wurde ihm der Zweig lang,
spielt' er auch manchen Dreiklang,
Quartett, Nonett, auch Symphonie,
no nett ist das bei an Genie.
CWT: Allein, das ist ganz unbewiesen,
drum wolln wir das Verzeichnis schließen.
Doch für den Fall, dass Sie das stört so,
nicht, dass Sie glauben, es gehört so –
denn das war alles nur ein Scherzo.
(man singt zum Abschluss wieder Nachtmusik:)
KUCH: Was dieser Mozart für ein Teuferl war,
das ist ja eh bekannt.
Und dass er froh um jeden Beifall war,
ist ihm nicht anzukreiden.
Er ist ganz einfach zu beneiden
für sein' g'sunden Hausverstand:
BEIM: 's ist doch frappant
und fulminant, …
CWT: …was er in seinem kurzen Leben
komponiert hat, und daneben
soviel Zeit für soviel Frauen fand.
BEIM: Was in dem Kerl so alles steckt –
KUCH: Na, wenn das nicht die Ehrfurcht weckt!
CWT: Drum neigen wir uns voll Respekt,
wir erkennen ihn sodann
bewundernd an:
ALLE: Als Mann!

– 151 –

Alles Mozart!

DER SCHAUSPIELDIREKTOR
(MOZART)

Personen (in der Reihenfolge ihres Auftretens)

Der DIRIGENT   Leopold Hager
Frank, INTENDANT des
Wiener Keinmozartjahrs   Christoph Wagner-Trenkwitz
BUFF, Dramaturg   Lars Woldt
Frau SILBERKLANG, Sekretärin   Edith Lienbacher
Generaldirektor EILER, Sponsor   Klaus Ofczarek
Trixi HERZ   Ekaterina Lekhina
MADAME KRONE, Journalistin   Susanne Litschauer
DR. VOGELSANG, Arzt   Daniel Behle

Ouvertüre

1. Szene

INTENDANT: Nicht einmal im Taxi kann man fahren ohne Musik-
   belästigung. Von wem war *das* schon wieder?
BUFF: Na, von ... Mozart. Von wem sonst?
INTENDANT: Natürlich. Warum frag' ich überhaupt ... Alles ist
   von Mozart. Auch der Salieri ist schon von Mozart. Dabei hat
   er nur das Requiem bestellt ...
BUFF: Hat er gar nicht.
INTENDANT: *(hört nicht zu)* ... und den Mozart umgebracht.
BUFF: Hat er erst recht nicht!
INTENDANT: Wahrscheinlich hat er die Musik auch nicht mehr

– 152 –

ausgehalten ... In jedem Aufzug, in jedem Lift – spielt Mozart.

BUFF: Und erst recht in jedem Fahrstuhl.

INTENDANT: Buff, machen Sie mich nicht verrückt. Macht mich schon der Mozart genug verrückt.

BUFF: Apropos verrückt. Herr Intendant, ich halte die Idee nicht für gut. Ein ganzes Jahr ...

INTENDANT: Die Idee ist brillant. Ein Jahr ohne Mozart. Ein Keinmozartjahr. Ich bin stolz und glücklich, dass man mich beauftragt hat, das Programm zusammenzustellen. Leider ist die Vorbereitung viel zu kurz, um den ganzen Mozart aus den Repertoires wegzubringen ...

BUFF: Eben, das wollte ich gerade sagen. Der Generalsekretär des Konzerthauses hat soeben angerufen, das Amadeus-Quartett möchte im Mai wenigstens ein kleines Divertimento von dem göttlichen ...

INTENDANT: Nichts, keinen Takt.

BUFF: Aber das *Amadeus*-Quartett ...

INTENDANT: Keine Note. Sollen sie sich umnennen. Der Haydn hat auch schöne Divertimenti geschrieben.

BUFF: Da wir davon sprechen, das Haydn-Trio möchte auch ...

INTENDANT: Was?! Das Haydn-Trio? Verräter! Jetzt sagen Sie mir nur noch, das Borodin-Sextett ...

BUFF: *(nickt betroppezt)* Leider ja. Sie wollen die »Kleine Nachtmusik« machen.

INTENDANT: Auf Russisch! Das auch noch! Jetzt werde ich einmal dreinfahren. Es geht nicht, dass meine Programmidee an allen Ecken und Enden beschnitten wird. Was heißt beschnitten – kastriert! Überall schon wieder Mozart. Wie ein Pilz!
Berufen Sie sofort ein Meeting ein. Na wartet's, ihr Mozartisten, keine Note ...

Alles Mozart!

2. Szene

SILBERKLANG: Der Herr Generaldirektor Eiler wär' jetzt draußen.

INTENDANT: Der fehlt mir noch. Jetzt kann ich kein Sponsorengespräch führen.

Wenn der draufkommt, dass es dramaturgisch bei uns grammelt …

BUFF: Merkt er das? Der kann doch einen Mozart nicht von Johann Strauß unterscheiden.

INTENDANT: Also ich verwechsle auch immer »Fledermaus« und »Zauberflöte«.

Aber es geht um die Ehre unseres Projekts. Ich lasse mir nicht …

SILBERKLANG: Also soll der Herr Generaldirektor jetzt …

INTENDANT *(demonstrativ kaputt)*: Aber ja.

EILER *(tritt ein)*: Grüß dich.

INTENDANT *(schlagartig verbindlich – die beiden waren nämlich zusammen in einer schlagenden Verbindung)*: Ja, mein Lieber, endlich bist du da!

EILER: Bin ich zu spät?

INTENDANT: Keineswegs, du bist immer rechtzeitig. Danke, Buff. *(Buff ab)*

EILER: Wie hältst du das nur aus, mit einem Menschen namens Buff zusammenzuarbeiten.

INTENDANT: Er heißt halt so … und er ist ein tüchtiger Dramaturg. Lars Buff.

Ein Deutscher halt.

EILER: Wie geht's deiner Frau?

INTENDANT: Du weißt ja, wie das ist mit der Treue.

EILER: Jaja, »Così fan …«

INTENDANT: Bitte nicht. Und deine Frau?

EILER: Ich … ich trenne mich.

– 154 –

Geschriebenes aus dem Jahre 2006

INTENDANT: Was? Ich dachte ...

EILER: Ja, das dachte sie auch. Aber ich brauche meine Freiheit. Ich muss dir jemanden vorstellen. Aber meine Frau darf natürlich nicht wissen, dass ...

INTENDANT: ... dass du in Wirklichkeit gar keine Freiheit brauchst? Also, stell sie mir bei Gelegenheit vor, gehen wir irgendwann einmal essen, ich werde Frau Silberklang bitten, einen Termin ...

EILER: Sie ist hier.

INTENDANT: Wer?

EILER: Die Trixi.

INTENDANT: Trixi?

EILER: Eigentlich heißt sie Olga, aber ich nenn' sie Trixi. Sie steht vor der Tür. Du, das wird dich interessieren. Sie ist eine Sängerin ...

INTENDANT: Warum wird mich das interessieren?

EILER: Es wird. Die 150 000 Euro, von denen wir gesprochen haben ...

INTENDANT: Ich bin dir so dankbar!

EILER: Brauchst du nicht. Du kriegst sie nämlich nicht ... außer ... Hör sie dir einmal an.

INTENDANT: Wen?

EILER: Die Trixi. Kostet doch nichts!

INTENDANT: Wenn sie mir nicht gefällt, kostet mich das 150 000 Euro.

EILER: Du kannst sie bestimmt brauchen! Sie hat eine Stimm' wie ein Glöckerl. Ich versteh' ja nichts, aber wenn sie singt, das ist so, ... weißt du, so ... Und sie ist so ehrgeizig, ich meine, so talentiert ...

INTENDANT: Und sie steht draußen. Was soll's, bitten wir sie herein.

– 155 –

Alles Mozart!

(*Trixi Herz tritt ein, sie ist zumindest gut hergerichtet.*) Freut mich, Frank.

FRÄULEIN HERZ: Aber Herr Intendant, man kennt Sie ja.

INTENDANT: Und Sie wollen, dass man Sie auch ein wenig kennt. Wo haben Sie zuletzt ..., ich meine, wo sind Sie aufgetreten?

FRÄULEIN HERZ: Im Belvedere...

INTENDANT: ... -Wettbewerb?

FRÄULEIN HERZ: Nein, im Belvedere-Stüberl.

EILER: Das sagt gar nichts, hör' sie dir einfach an.

INTENDANT: Du hast Vorstellungen. Wie soll ich da jetzt ein Vorsingen improvisieren?

DIRIGENT: Es könnte vielleicht das Orchester begleiten.

INTENDANT: Eigentlich eine gute Idee. Was haben Sie mitgebracht?

FRÄULEIN HERZ: Da ist mein Lebenslauf.

INTENDANT (*liest*): »Sopron«.

FRÄULEIN HERZ: Soll aber Sopran heißen. Ich hätte die Ariette »Da schlägt die Abschiedsstunde«. Das ist immer gut angekommen im Stüberl. Ich hab's immer gemacht mit dem Text: »Da schlägt die Sperrstund'«, aber eigentlich heißt's Abschiedsstunde.

INTENDANT: Kommt mir so bekannt vor ...

FRÄULEIN HERZ: Ist aus dem »Schauspieldirektor«.

INTENDANT (*entsetzt*): Von Mozart!

FRÄULEIN HERZ: Sie kennen ihn?

INTENDANT: Seid ihr euch im Klaren, dass wir hier das Wiener *Kein*mozartjahr planen? Was soll das? Mozart in meinem Büro? Das ist ein Witz! Eine Verschwörung.

FRÄULEIN HERZ: Meine Klavierlehrerin hat immer gesagt, wer Mozart machen kann, kann alles.

INTENDANT: Dann machen Sie, was Sie wollen und wo sie wollen, aber nicht hier!

– 156 –

EILER *(leise und drohend)*: 150 000 Euro ...
INTENDANT: Also bitte, was haben Sie noch?
FRÄULEIN HERZ: Bitte, ich hab' nur ...
INTENDANT: Also in Gottes Namen. Die Abschiedsstunde.

No. 1 – Arietta: »Da schlägt die Abschiedsstunde«

3. Szene
INTENDANT *(hat leidend zugehört):* Vielen Dank.
EILER: Hervorragend! Was du gegen den Mozart hast, werde ich
nie verstehen. G'fallt sie dir?
INTENDANT: So weit ich das durch diese Musik hindurch beur-
teilen kann, gar nicht schlecht. Vielleicht bringe ich sie in mei-
nem Karl-Amadeus-Hartmann-Zyklus unter.
EILER: Amadeus?
INTENDANT: Ja, aber besser. Wirkliche Musik!
EILER: Wirklich? Die 150 000 Euro sind wirklich. Ich hör' von dir.
(mit Trixi Herz ab)
INTENDANT: »Abschiedsstunde« ... Als ob ich nichts Anderes zu
tun hätte. Frau Silberklang! *(Diese tritt mit Kalender ein.)*
Wie geht's weiter mit diesem verdorbenen Tag?
SILBERKLANG: Sie hätten jetzt gleich ein Interview, die Dame
wär' schon draußen, und für 11 Uhr hat Herr Dr. Buff das
Meeting einberufen, das Sie wollten.
INTENDANT: Meeting? Ach ja, natürlich! Wir müssen ein Boll-
werk bauen, einen Deich, einen Damm, eine Befestigungs-
anlage, einen Schutzwall ...
SILBERKLANG: Wie bitte?
INTENDANT: Nichts. Zwischen Zeitung und Buff brauche ich ein
Viertelstündchen allein. Ich habe einen Gast, der nicht auf
dem Kalender steht.

SILBERKLANG (*lieblich*): Gut. Noch was ... Sie haben ja heut'
Geburtstag. Ich wünsche ...
(*Sie singt hauchzart »Happy Birthday, Mr. Intendant« – we-
nigstens nicht von Mozart. Der Besungene braucht dennoch
ein paar Augenblicke, um sich zu fassen.*)
INTENDANT: Das ist sehr nett. Bitten Sie die Dame von der Zei-
tung herein.
(*Silberklang ab, Madame Krone auf*)

4. *Szene*

INTENDANT: Freut mich sehr, Madame ...
MADAME KRONE: ... Krone. Ihre Sekretärin hat mir gesagt, dass
Sie heute Geburtstag haben.
INTENDANT: Mir auch. Also, was reden wir ...
MADAME KRONE: Das Mikrofon ist eingeschaltet, Herr Inten-
dant. Sprechen Sie einfach so, als wäre gar keines da. (*räus-
pert sich*): Das Keinmozartjahr ist sicher der Höhepunkt
Ihrer Karriere. Wie sehen Sie das?
INTENDANT: Ja, also ... Dass ich es einmal zum Keinmozart-In-
tendanten bringen würde ... begonnen habe ich ja als Schau-
spieldirektor in Senftenberg. Das heißt ... begonnen, wirklich
begonnen habe ich natürlich viel früher ... als Eleve. In
Prossnitz. Was hab' ich gleich als Erstes machen müssen?
Den dritten Knaben.
MADAME KRONE: Den dritten von wie vielen?
INTENDANT: Es gibt Gott sei Dank nur drei. In der »Zauberflöte«. Ein Einspringen.
Die Kinder schon werden in den Mozart gehetzt, und es gibt
kein Gesetz dagegen. Ja, manche arbeiten in Diamantenminen,
manche am Bauernhof. Ich musste den Knaben singen. (*singt
abfällig und möglichst hoch:*)»... jung, schön, hold und weise ...«

– 158 –

Geschriebenes aus dem Jahre 2006

Kaum war ich im Stimmbruch, hat mein Intendant gesagt: »Du hast immer noch eine schöne Stimme. Ich versuche mal, dich als Papageno zu besetzen.« Verstehen Sie? Papageno! Das ist ja schon wieder »Zauberflöte«! Ich habe schon gedacht, das geht ewig so weiter. Geharnischter, Zweiter Priester, und wenn ich mal die Stimme verliere, womöglich den Sprecher.
Nein! Ich habe Haus gewechselt ... Linz ...und in meinen Vertrag hineinschreiben lassen: »Keine Gesangsrollen«. Kommt der dortige Direktor zu mir, was soll ich Ihnen sagen, ein ehemaliger Sarastro, ich habe schon gezittert, ... und sagt: »Ich mache aus Ihnen den jüngsten Bassa Selim der Geschichte.«

MADAME KRONE: Bassa ... was?

INTENDANT: Bassa Selim! »Entführung aus dem Serail«! Habe ich gesagt: »Aber das ist doch von Mozart!« Hat er geantwortet: »Eben drum!« *(deprimiert)* Ich habe einen solchen Erfolg gehabt ... 120 Vorstellungen, ... Gastspiele ... ich dachte schon, ich werde die Rolle nicht mehr los. Wenigstens musste ich nicht mehr singen, aber um mich herum ... dauernd Mozart! Wer soll das aushalten!
Ich beschloss, mich von der Bühne zurückzuziehen ... Intendant zu werden. Allen sagen, was sie unterlassen sollen, ohne selbst etwas zu tun ... ich habe mir das sehr schön vorgestellt. Und Wuppertal ist eigentlich eine hübsche Stadt.

MADAME KRONE: Wuppertal ... Gibt es dort nicht eine Schwebebahn?

INTENDANT: Ich hatte eine herrliche erste Saison. Kein Ton Mozart!
Schon bei der Veröffentlichung des Spielplans gab es Unruhe. »Keine ›Zauberflöte‹?«, fragte man. »Keine Da-Ponte-

– 159 –

Opern? Nicht einmal ein kleines ›Bastien und Bastienne‹ auf der Studiobühne?«

Empörte Briefe, Petitionen – aber ich habe noch eine Saison durchgehalten. »Tosca«, »Sacre du Printemps«, »Arabella«, sogar eine Oper von Händel habe ich gespielt, aber keinen einzigen Mozart!

Der Wuppertaler Amadeusverein hat mich bombardiert, mich unmöglich gemacht, die Stadtväter haben das Vertrauen verloren … und ich meinen Posten.

Weg vom Musiktheater, dachte ich mir, nur weg. Wo keine Musik ist, da ist auch kein Mozart! Endlich Schauspieldirektor! Lauter unmusikalische, ernsthafte Leute, nicht diese Musikantenbagage. Flensburg! Nobler Norden!

MADAME KRONE: Ein interessantes Schifffahrtsmuseum ist in Flensburg.

INTENDANT: Endlich Sprechtheater! 1990 habe ich mein Amt angetreten …

Peng! Ein doppelter Unglücksfall: Der Operndirektor demissioniert – und das Mozartjahr bricht aus. Händeringende Stadtväter und -mütter: »Retten Sie uns!« … und die gesamte Mozartplanung landet auf meinem Schreibtisch.

Ein Inferno. »Figaro« und »Don Giovanni«, schon schlimm genug. Aber »Thamos, König von Ägypten«! »Die Gans von Kairo«! Ein Kollege von mir hat unlängst gesagt: *(à la Holender)* »Das Stück wird auch nicht besser, wenn die Netrebko die Gans singt« – und recht hat er.

Ich habe dann ein paar Jahre in der Entwicklungshilfe gearbeitet. Nichts Großartiges, … auch ein paar kleine Theaterprojekte.

Und dann trat die Stadt Wien an mich heran, ich glaube, André Heller hat mich empfohlen; er muss meine Didgeridoo-Performance in einer aufgelassenen Fabrikshalle in Kenia gesehen haben. Interessante Lichteffekte …

Wien. Ein Traum, diese Stadt. Manchmal auch ein Albtraum. Man leidet, wenn man hier ist, aber noch mehr, wenn man weg ist.

Das Kulturamt wollte etwas so ganz anderes. Was sie wollten, wussten sie auch nicht. Aber ich, ich wusste es sofort: Ein Jahr ohne Mozart. Ein flächendeckendes Keinmozartjahr. Ein kühnes Projekt. Man muss aufpassen wie ein Haftelmacher, überall schleicht sich irgendeine Symphonie, eine Konzertarie oder sogar eine ganze Oper ein. Aber nicht mit mir! Alles bis Gluck und Haydn – und alles ab Beethoven.

MADAME KRONE: Wann werden Sie Ihr Keinmozartprogramm präsentieren?

INTENDANT *(hat es jetzt eilig)*: Die Planungen sind in der Endphase. Sie werden informiert. Ich bin jetzt leider wirklich … haben Sie noch Fragen?

MADAME KRONE: Nein, ich glaub', ich hab' alles. *(steht auf)* Eines noch: Wie schreibt man »Bassa«?

INTENDANT: B-a-s-s-a. Aber sie können ihn weglassen. Haben die Salzburger Festspiele auch getan.

MADAME KRONE: Wer?

INTENDANT: Unwichtig. Danke tausendmal. Auf Wiedersehen.

(Madame Krone ab. Intendant geht zum anderen Eingang, öffnet, Dr. Vogelsang tritt ein.)

5. *Szene*

INTENDANT: Grüß Gott. Danke tausend Mal, dass Sie sich Zeit nehmen konnten.

DR. VOGELSANG: Wie läuft es denn?

INTENDANT: Nichts wie Sorgen. Man kümmert sich Tag und Nacht

Alles Mozart!

um alles und hat auch noch die schlechte Nachrede. Wenn es
einen Erfolg gibt, waren es die anderen. Sie wissen ja ...

DR. VOGELSANG: Das ist ja der Normalzustand. Ist irgendetwas
Außerordentliches passiert?

INTENDANT: Der Traum ist wieder da.

DR. VOGELSANG: Aber wir haben ihn doch vor Wochen losge-
bracht.

INTENDANT: Ja, genau vor drei Wochen und zwei Tagen. So lange
hat sie geschwiegen.

DR. VOGELSANG: Und jetzt singt sie wieder?

INTENDANT: Ja.

DR. VOGELSANG: Natürlich Mozart ...

INTENDANT: Ja! So ein lieber Mensch ist sie in Wirklichkeit. Eine
aufopfernde Sekretärin. Eine angenehme leise Stimme ...
und in meinem Traum ...

DR. VOGELSANG: Was singt sie diesmal?

INTENDANT: Irgendeinen Unsinn über »der Liebe Freuden« und
»düsteres Leiden«. Nicht zum Aushalten. Ich erwache jede
Nacht schweißgebadet.

DR. VOGELSANG: Ganz klar: Sie fühlen sich in Ihrer unmittelba-
ren beruflichen Umgebung bedrängt und bedroht.

INTENDANT: Fein. Und was tue ich dagegen?

DR. VOGELSANG: Sie müssen sich der Situation stellen. Bevor sie
anfängt zu singen, treten sie ihr entgegen und verwickeln sie
in ein Gespräch.

INTENDANT: Das habe ich ja versucht. Zwecklos! Könnten Sie
nicht in meinen Traum einschreiten? Ich vertraue nur Ihnen!
Ich brauche Sie!!

(plötzlich wird das Licht samt der Situation sehr unwirklich)

DR. VOGELSANG *(spricht salbungsvoll)*: »Bester Jüngling! Mit
Entzücken nehm' ich deine Liebe an, ...

– 162 –

INTENDANT: O Gott!

DR. VOGELSANG: … da in deinen holden Blicken ich mein Glück entdecken kann.«

INTENDANT: Jetzt ist alles aus

(Auf das letzte Wort setzt die Musik ein, Frau Silberklang betritt, sehr aufgemascherlt und ganz Diva, die Bühne.)

No. 2 Rondo – »Bester Jüngling«
(Nach dem Applaus geht das Licht schlagartig an. Dr. Vogelsang ist gegangen, dafür zupft ein besorgter Buff den scheinbar schlafenden Intendanten am Ärmel.)

6 Szene

BUFF: Alles in Ordnung, Herr Intendant?

INTENDANT *(schreckt hoch):* Hilfe! Ja, danke. Buff, mein lieber Buff, wir schaffen es, ganz ohne Mozart. Ja?

BUFF: Aber natürlich, Herr Intendant. Wollen wir jetzt das Meeting …?

INTENDANT: Ja, natürlich.

BUFF: »Es ist dies eine der wichtigsten Versammlungen unserer Zeit«. Pardon, kleiner Scherz.

INTENDANT: Bevor alle reinstürmen – wie steht es eigentlich mit der Bundeshymne?

BUFF: Ja, die Textänderungen sind derzeit zur Beschlussfassung im Bundesrat …

INTENDANT: Wieso denn Text? Der ist doch ganz egal, den kennt eh keiner. Die Musik! Solange nicht zweifelsfrei geklärt ist, dass die Musik *nicht* von Mozart stammt, spielen wir bei allen Ländermatches den Donauwalzer! Gleich nach dem Meeting brauche ich den ÖFB-Präsidenten am Telefon!

Alles Mozart!

BUFF: Gewiss. Herr Intendant, wir haben uns eine kleine Über-
raschung ausgedacht. Weil Sie doch heute Geburtstag haben.
INTENDANT: Eine Überraschung?
BUFF: Passen Sie auf.
(klatscht in die Hände, die Musik setzt ein, Silberklang, Herz,
Vogelsang, auf)

No. 3 Terzett – »Ich bin die erste Sängerin«
(Intendant flüchtet während der ersten Takte händeringend, aber
unbemerkt.)

7. *Szene*
SILBERKLANG: Wo isser denn, der Intendant?
BUFF: Gerade war er noch da.
EILER *(eilig auf):* Und gleich wird er wieder da sein. Es hat näm-
lich eine Entwicklung gegeben.
HERZ: Eine Entwicklung?
EILER: Eine Diskontinuität, sozusagen. Die Auftraggeber und
die Geldgeber haben …
INTENDANT *(erfrischt auf):* Wer hat was?
EILER: Da bist du ja. Wie sage ich es dir am besten. Dein Kein-
mozartjahr wurde in einer dringenden Sitzung … umjustiert.
INTENDANT: Was, ohne mit mir zu reden, haben die … Eine Ver-
schiebung? Ein Jahr später? Unmöglich.
EILER: Noch unmöglicher. Es hat sich ein Buchstabe eingeschli-
chen. Ein kleines »L«.
INTENDANT: Was soll das heißen?
BUFF *(singt):* »Welch eine Dreistigkeit!«
INTENDANT: Schweigen Sie.
EILER: Kurz und gut, man will dein Keinmozartjahr nicht.
INTENDANT: Was!?

– 164 –

EILER: Zu progressiv. Aber da die Logos schon fast fertig sind, macht man daraus ein »Kleinmozartjahr«. Ohne Kompromisse geht es auch in der Kunst nicht.

INTENDANT: Klein…Mozart?

EILER: Genau. Ein bisserl weniger Budget als beim Mozartjahr. Und nur Werke bis Köchelverzeichnis 150. Ein Jugendprojekt. Die Geldgeber stehen voll dahinter. Tut mir leid.

INTENDANT: Stehen dahinter … Ich stehe vor den Trümmern eines Lebenswerkes. Ein großer Traum, zerstoben in Nichts. Eine historische Tat, vereitelt in letzter Sekunde. Kein Keinmozart … Die irrsinnige Weltseuche ist nicht zu stoppen. Und du bist ihr Handlanger! Sag deinen feinen Freunden, ich stehe dafür nicht zur Verfügung!

EILER: Das brauchst du auch nicht. Du bist abgesetzt. Buff ist dein Nachfolger.

INTENDANT: Buff, meine Stütze … Sie machen mit den Ohrverpestern gemeinsame Sache.

BUFF: Davon erfahre ich ungelogen erst jetzt … Es hat zwar ein paar Vorgespräche gegeben, aber …

INTENDANT: Buff, Ihr mieser kleiner Ehrgeiz wird schreckliche Folgen haben. Und Sie machen sich zur Witzfigur. Wie Sie wollen.

Ihr könnt mich alle, wie der unsterbliche Mozart gesagt hätte, am Arsch lecken. *(ab)*

SILBERKLANG *(verehrungsvoll zu Buff, der sich stolz bläht)*: Herr Kleinmozart-Intendant …

No. 4 Schlussgesang – »Jeder Künstler strebt nach Ehre«

Ende

– 165 –

MOZART – JA!

Von und mit Alexander Kuchinka (Mozart) und Christoph Wagner-Trenkwitz (Moderator)

MODERATOR: Einen schönen Vormittag, liebe Zuhörer und -innen, da innen bei uns im Radiocafé, und auch außen beim Kaffee und an den ... Geräten ... unser heutiger Gast im Klassiktreffpunkt ist niemand Geringerer als Wolfgang Amadeus Mozart, bekannt geworden durch das gleichnamige Jahr und genau 22 opernähnliche Gebilde im Mozartstil, die natürlich auf DVD erhältlich sind ... Verehrter Meister ...

MOZART: *(schaut nicht her)*

MODERATOR: Ähm ... großer Meister ...?

MOZART *(übertrieben naiv):* Sprechen Sie mit mir?

MODERATOR: Ja schon, ... oder nur Meister?

MOZART *(kichert blöd):* Ich bin's g'wöhnt, dass man Wolferl sagt. Oder Sauschwanzl. Oder einfach Mozart.

MODERATOR: Ich weiß, zu Ihrer Zeit wurden Sie ein bisserl gering geschätzt – heut' hingegen werden Sie sehr geschätzt, ... so auf fünf Milliarden Euro.

MOZART: Klingt stolz.

MODERATOR: Sind wir auch auf Sie.

MOZART: Und was ist Euro?

MODERATOR: Das ist unsere gemeinsame Währung *(zieht Euromünze aus der Tasche).* Schauen Sie her, Sie sind sogar auf der 1-€-Münze abgebildet.

MOZART: Sehr geschmackvoll. Schaut aus ein bissel wie der Papa Haydn. Ich bin also euer gemeinsames kulturelles Zahlungsmittel.

– 166 –

Geschriebenes aus dem Jahre 2006

Mit meinem Freund Alexander Kuchinka habe ich anderen so manche vergnügliche Stunde bereitet (uns selbst weniger). Hier etwa im zum Bersten leeren Café Diglas.

MODERATOR: Sehr schön. Das hätt' der Marboe nicht schöner sagen können.
MOZART: Wer?
MODERATOR: Dr. Peter Marboe.
MOZART: Muss ich den kennen?
MODERATOR: Er behauptet jedenfalls, er kennt Sie. Und er kennt mehrere Dutzend Zitate über Sie.
MOZART: Zitate, ja. Die Leut' haben immer schon gerne von mir abgeschrieben.
MODERATOR: Sie sind der erste Europäer. Das sag' nicht ich, sondern der Peter Sellars.
MOZART: Wer ist das wieder?
MODERATOR: Ein Amerikaner.
MOZART: Der muss es ja wissen. Und was macht er?

Alles Mozart!

MODERATOR: Er inszeniert.

MOZART: Das ist heutzutage ein Beruf?

MODERATOR: Sagt er. Und Sie hat er geehrt, indem er *keine* Musik von Ihnen gespielt hat. Wir hingegen spielen jetzt Mozart. Als erstes Musikstück haben wir ...

MOZART: Nein, bitte keine Musik von mir.

MODERATOR: Wir müssen doch nach all den Mozart-Events und -Ausstellungen auch ein bisschen Ihre Musik in Erinnerung rufen.

MOZART: Mir?

MODERATOR: Nicht Ihnen ... Aber die Leute sollen Ihre Musik nicht vergessen.

MOZART: Warum nicht? *(kichernd)* »Zu viele Noten ...«

MODERATOR: Verehrter Meis- ... lieber alter Sau... Also was ist Ihre persönliche Bilanz ...?

MOZART: Negativ. Immer negativ. Mir ist noch nie ein Gulden von irgendwas geblieben. Pardon, Euro.

MODERATOR: Ich meine nicht finanziell, sondern ... geistig-emotional. Was war für Sie als Hauptbetroffener das Mozart-jahr?

(verständnislose Pause)

MOZART: Was für ein Jahr?

MODERATOR: Mozartjahr.

MOZART: Was soll das sein?

MODERATOR: Ein Jahr, in dem man ... besonders an Sie gedacht hat.

MOZART: Ein ganzes Jahr? Wer hat gedacht?

MODERATOR: Alle, sozusagen.

MOZART: Nur an mich?

MODERATOR: Nicht nur, aber ...

MOZART: Und nur in dem Jahr?

– 168 –

Geschriebenes aus dem Jahre 2006

MODERATOR: Auch nicht nur ...

MOZART: Also man hat auch vorher an mich gedacht?

MODERATOR: Man denkt natürlich immer an Sie ...

MOZART: Und spielt meine Musik?

MODERATOR: Mozart hat immer Saison.

MOZART: Was war dann das Besondre an diesem ... Mozartjahr?

MODERATOR *(perplex):* Dass man ... dass man besonders oft »Mozart« gesagt hat.
(fasst sich) Sogar der *Falter* hat geschrieben ...

MOZART: Falter?

MODERATOR: »Das Mozartjahr war ein Segen.« Schreibt der *Falter*.

MOZART: Ist das eine Kirchenzeitung?

MODERATOR: Ein Segen war auch, dass Sie niemandem wirklich langweilig geworden sind. Weil das Jahr so gut war.

MOZART *(schüchtern)*: Vielleicht liegt es daran, dass ich so gut war ...?

MODERATOR: Sie haben ja auch was gehabt davon. Allein das Budget des Wiener Mozartjahrs ...

MOZART: Fünf Milliarden?

MODERATOR: Das auch wieder nicht. 30 Millionen. Davon hätten Sie und Ihre Familie locker bis heute leben können.

MOZART: *Jetzt* sagen Sie mir das?

MODERATOR: Naja, Sie haben's ja nicht mehr notwendig, Sie sind eh unsterblich.

MOZART: Soso ... das hat schon mein Vater gesagt: In Wien musst sterben, damit sie dich hochleben lassen, aber dann lebst lang.

MODERATOR: Hat das nicht der Qualtinger gesagt?

MOZART: Wer?

MODERATOR: Auch ein Unsterblicher. Aber Sie sind, ob Sie es

wollen oder nicht, ein wichtiger Wirtschaftsfaktor, ich meine, für den Kulturstandort Österreich.

MOZART: Ah, da gibt's einen?

MODERATOR: Natürlich, wir alle leben quasi davon.

MOZART: Wovon?

MODERATOR: Von ... Ihnen ...

MOZART: Wir alle?

MODERATOR: Ja. Außer Ihnen, Sie sind ja ...

MOZART: Unsterblich, ich weiß. »Wie gut man in Österreich von den Zinsen eines Kapitals leben kann, das man längst ausgegeben hat ...« Hat auch schon mein Vater gesagt.

MODERATOR: Eigentlich der Farkas.

MOZART: Wer?

MODERATOR: Ein unsterblicher entfernter Bekannter vom Qualtinger ...

MOZART: Wenn ich Sie also recht versteh', macht heut' ein Haufen Leut' ein Mordsg'schäft mit mir, der Sellars auch ohne mich, alle reden von mir, der Marboe behauptet sogar, er kennt mich – und ich hab' nix davon als die langweilige Unsterblichkeit?

MODERATOR: In Wirklichkeit geht's um die Marke ... also die Wirkung des Namens ...

MOZART: Was für eine Wirkung?

MODERATOR: Allein in Wien sind fünf Kaffeehäuser nach Ihnen benannt.

MOZART *(pikiert)*: Drauf pfeif' ich. Auswendig.

MODERATOR *(steigert sich plötzlich hinein)*: Glauben Sie, mir macht das Spaß?
Glauben Sie, ich hab' das erfunden?

MOZART: Jetzt drehn Sie bloß nicht den Spieß um – *ich* bin grad beleidigt ...

– 170 –

Geschriebenes aus dem Jahre 2006

MODERATOR: Sie können beleidigt sein, wie Sie wollen, das kratzt niemanden! Genau wie Ihre unzerstörbare Musik, Sie … Sauschwanz!

MOZART: Unter diesen Umständen wär' mir die Anrede »Meister« langsam lieber…

MODERATOR *(in Fahrt):* Dass man von Ihnen redet, hat doch mit Musik nichts zu tun!
Das ist Mystik! Oberflächliche Zahlenmystik! Eine willkürliche Spielerei innerhalb des dekadischen Systems! Was sag' ich dekadisch – dekadent! Es geht nicht um Sie, es geht um rein mathematische Bedürfnisbefriedigung!

MOZART: Ich versteh' nicht so viel von Mathematik …

MODERATOR: Dann wären Sie auch nicht berühmt geworden. Lächerlich: 250. Geburtstag, dabei sind Sie nicht älter geworden als 35.

MOZART: Ja und?

MODERATOR: Ist doch ein Riesenbeschiss. Ich mein', rechnen Sie nach: 250 zu 35, das ist wie 7 zu eins.

MOZART *(verwirrt):* Ach so?

MODERATOR *(mit Rechner):* Also genau genommen: 7,1428571, laut meinem Taschenrechner. Das teilt sich nicht einmal ohne Rest – wo bitte ist da die Zahlensymbolik?

MOZART *(immer kleinlauter):* Ich weiß nicht …

MODERATOR: Sagen Sie sich das ein paar Mal vor: 7,1428571 – 7,1428571 – das erinnert mehr an Pi als an Sie!!

MOZART: Und was kann da jetzt ich dafür?

MODERATOR: Ist doch *Ihr* Geburtstag! 250 Jahre … in so einem Alter noch seinen Geburtstag feiern. Geburtstag ist was für Kinder! Werden Sie denn nie erwachsen, Sie verblödetes Genie??

(peinliche Pause)

– 171 –

MOZART: Das war ein Radiokolleg zum Thema »Die psychisch-emotionalen Auswirkungen von Gedenkjahren auf Kulturjournalistinnen und -listen – war das Mozartjahr der Weisheit letzter Schluss?« Heute zu Gast war Christoph Wagner-Trenkwitz – aber keine Sorge, es ist noch lange nicht Schluss: Nächste Woche erwarten wir wieder Peter Marboe, der schon alles weiß über die bevorstehenden runden Geburts- und Todestage von Joseph Pleyel, Michail Glinka, Edvard Grieg, Edward Elgar, Johann Josef Haydnstrauß und Eduard Wolfgang Amadeus Korngold ... oder so. – Am Mikrofon verabschiedet sich für heute Ihr ... na, Sie wissen schon ... Moizeit.

Eine Spitze, größer als der Eisberg

Postskripta zum Opernball

Fernsehberühmtheit ist eine sonderbare Krankheit. Aber sie ist heilbar, zumindest im ersten Stadium. Wenn man hin und wieder im TV auftaucht, dann aber wieder von der Mattscheibe verschwindet, bleibt im Zuseher nur mehr die matte Erinnerung an ein irgendwann gesehenes Gesicht.

Wenn die Präsenz im Flimmermedium zunimmt, handelt man sich allerdings eine chronische Fernsehberühmtheit ein. Ein Lied davon zu singen hat mein alter Freund Michael Niavarani, der ein Symptom des Leidens gerne erzählt: Arglos auf dem Rochusmarkt einkaufend, hörte er plötzlich den gellenden Ruf hinter sich: »Warani, drah di' um! Mei' Frau glaubt net, dass du's bist!«

Zusammen sind wir die Hälfte wert

Nun bin ich im engeren Sinne kein Serienstar; doch seit dem Jahre 2001 sind Gesicht und Stimme mit Österreichs Top-Society-Event (ich glaube, so nennt man das) verknüpft: mit dem Wiener Opernball, einer Serie, die nur einmal jährlich ausgestrahlt, dafür aber viel geschaut wird. Bekanntlich bin ich nur die Hälfte eines Duetts, sozusagen ein Einzelzwilling (im Gegensatz zu der beliebten Rechenaufgabe: »Wie viel sind zwei Paar Doppelzwillinge?«). Mein alter Ego ist Karl Hohenlohe, Gault-Millau-Herausgeber, Gesellschaftskolumnist, Vorzeige-Adeliger.

– 173 –

Oft genug sind Leute geradezu enttäuscht, wenn ich mich im bürgerlichen Leben ohne ihn zeige. »Wo ist der Hohenlohe?«, fragen die Enttäuschten, und ich gebe mir Mühe, ihnen klarzumachen, dass wir auch getrennt ausgehen und keineswegs miteinander wohnen, dass vor allem seine vier und meine zwei Kinder nicht vom jeweils anderen stammen. Eines Sommers passierte es mir im Salzkammergut, dass mich ein Wirt mit merkbar indigniertem Gesichtsausdruck bediente, bis es schließlich aus ihm herausplatzte: »Warum haben Sie geschrieben, dass unser Lokal nachgelassen hat?« Dass Karl Hohenlohe nicht selbst die Restaurant-Kritiken im Gault Millau verfasst und ich schon überhaupt nichts mit diesen Bewertungen zu tun habe, wollte der gute Mann nicht einsehen.

Das ist die Frucht (oder der Fluch) einer Berühmtheit, die man sich teilen muss. Ich nenne dieses Phänomen »Gemeinsam sind wir prominent«, während Karl, der Pessimistischere von uns beiden, meint: »Zusammen sind wir die Hälfte wert.«

»In ganz Wien weltberühmt«

Aber immerhin sind wir einzeln noch erkennbar. Meine zweitgeborene Tochter Emilia staunte (nach anfänglichem Schrecken) nicht schlecht, als in der U-Bahn ein mit allerhand speziellen Mittelchen zugedröhnter Zeitgenosse bei meinem Anblick aufschrie: »Der Trenkwitz! Klasse Wuchteln* wor'n des beim Opernball. Sogn S' es a' dem Hohenllohe!« (Durch die falsche

---

* Für Nichtwiener: Wuchteln = Pointen. ORF-Größe Wolfgang Fischer führte, als er noch Gesellschaftskolumnen für den »Standard« schrieb, stets ein Notizbüchlein mit dem Aufdruck »WF« mit; ich verdächtigte ihn zu Unrecht, er könnte dies als Abkürzung für »Wuchtel-Ferzeichnis« meinen.

Schreibung des Namens versuche ich, das schwere Wiener »L«
wiederzugeben.)

Die erwähnte Tochter hat meine Prominenz auch auf einen
klaren Nenner gebracht. Als ich einmal versuchte, ihr üppiges
Haupthaar zu bändigen, meinte sie lakonisch: »Papa, du bist vielleicht in ganz Wien weltberühmt, aber Zöpfe flechten kannst du
nicht.«

Lebensmensch

Karl Hohenlohe bezeichnete mich wiederholt als seinen »Le-
bensmenschen«. Ich weiß nicht, ob er wiederholt unter Alkohol-
einfluss stand, als er das sagte. Mit diesem Kapitel wollte ich es
ihm heimzahlen, aber genau bedacht, hat er nicht unrecht. Mein
siamesischer Freund und ich (derweil bin nur ich Zwilling, er
aber Jungfrau) verkörpern füreinander ein wichtiges Stück
Leben.

Er trat mir in dasselbe, als ich von Staatsoperndirektor Holender ins Übertragungsteam reklamiert, an einer ersten Sitzung für
den Opernball 2001 teilnahm. Kari kam zu spät, trug eine alte
Schnürlsamthose (also das, was Deutsche so einfallslos »Cord-
hose« nennen), hatte eine Cola-Dose in der Linken und ein
Würschtel in der Rechten. Ich erkannte ihn und auch seine Dis-
position zum Gourmet. Er möchte mich stets umbringen, wenn
ich seinen Hang zum Würschtelverzehr oute, aber ich kann mir
nicht helfen. Mittlerweile produziert er eigene Würstel, die
er Fürstel nennt – und das ist verdammt komisch, denn Karl
Hohenlohe ist ein »waschechter« Fürst, einer seiner Ahnen war
Obersthofmeister bei Kaiser Franz Joseph, überreichte Giuseppe Verdi ein hohes Ehrenzeichen und hatte eine Mäuse-
phobie.

Eine Spitze, größer als der Eisberg

Karl Hohenlohe und ich nehmen unsere Aufgabe sehr ernst.

Nicht geboren für diese Leute

Karis fürstlichem Sinn für Humor bin ich willenlos verfallen. Auch wenn ich manchmal nicht lachen kann oder das von ihm Ausgedrückte überhaupt nicht als Witz erkannt habe. Dann aber schreibt er mir wieder aus heiterem Himmel brüllkomische Mails wie das folgende (die Rechtschreibung des Originals ist beibehalten worden):

»Du echt, der opernball ist nicht blöd sondern eine wisitkarte von der ganzen welt.
Mit freundlichen Grüßen
Karl Hohenlohe«

Manchmal weide ich mich aber auch an seinem tiefen Unglück
über die Verhältnisse, die nun einmal so sind, und kann deshalb
lachen. Karl (manchmal nennen ihn Leute »Kari«, dann sagt er,
er heißt Karl – was stimmt –, dann aber will er wieder Kari genannt werden, da kenne sich einer aus), Kari also ist nämlich
meistens unkompliziert, trägt seinen abgrundtiefen Hochadel
nicht vor sich her, spricht gerne und interessiert mit Menschen,
von denen sich seine Ahnen vor hundert Jahren nicht einmal die
Schuhriemen hätten binden lassen … aber manchmal überwäl-
tigt ihn seine edle Abkunft. Dann wird er eher still und blickt
indigniert, tönt nicht groß, aber wer ihn gut kennt, weiß, jetzt ist
von irgendeinem Unhold eine imaginäre Grenze überschritten
worden. Fängt er sich rasch, dann fragt er ungläubig: »Pardan?«
(Sie haben recht gelesen, er sagt nicht »Pardon«, er öffnet den
Laut mit unvergleichlicher Noblesse.) Manchmal fängt sich mein
Karl weniger rasch; in einem solchen Moment – es handelte sich
um sehr anstrengende Dreharbeiten – hörte ich ihn angesichts
einer unerwünschten Menschentraube tonlos vor sich hin hau-
chen: »Ich bin nicht geboren für diese Leute …«

Marijo will moderieren

Sollte Kari irgendwann nicht mehr wollen (oder, wie man in
seinen Jägerkreisen sagt, »den Hut draufhauen«), weiß ich einen
Ersatz. Im Februar 2009 erreichte mich ein handschriftlicher
Brief folgenden Inhalts:

»Sehr geehrter …
Ich heiße Marijio M. Bin 16 Jahre alt. Komme aus Serbien.
Schaue mir den Opernball jedes Jahr an. Ich interessiere
mich für Kultur, Religion und Politik. Möchte nächstes Jahr

– 177 –

den Opernball moderieren. Könntest du das organisieren. Weil ich nächstes Jahr 18 werde und deswegen möchte ich den Opernball nächste Jahr moderieren. Meine Eltern heißen M. und S. M. Ich habe einen Kater der heißt Peki. Es wurde mich freuen wenn ich nächstes Jahr dem Opernball moderieren könnte. [...] Du brauchst dir keine Sorgen machen ich kenne mich sehr gut in Sachen HySoghiety aus. Wir müssen in Kontakt bleiben
Schreib mir bitte: [...] Oder ruf mich an: [...]«

Also, wenn Kari allzu untermütig wird, mache ich das vielleicht und schnappe mir den Jüngling, der alljährlich um zwei Jahre altert.

Töchtertag

Meine Emilia sowie Karl Hohenlohes etwa gleichaltrige Tochter Fanny nahmen einmal an der von uns gestalteten Auftakt-Sendung zum Opernball teil. In schmucke Kinder-Fräcke gesteckt, stellten die beiden ihre Väter bei dem fiktiven Versuch anno 1967 dar, den Opernball zu kommentieren. Das Ganze endete natürlich in einer heillosen Katastrophe samt Stofftier-Schlacht.

Als wir auf dem Dreh mit zwei unverkennbar zuordenbaren Mädchen erschienen (Fanny blauäugig und mit blonden Locken, Emilia mit dunklem Haar und ebensolchen Augen), sprach mich ein Techniker verzückt an: »Ma, san die liab ... Welche is' Ihre?«

Vaterfreuden

Die Freuden der Vaterschaft schlugen auch live auf Sendung mit voller Wucht zu, als nämlich beim Opernball 2008 Karl Hohen-

Postskripta zum Opernball

»Welche is' Ihre?« Also: Fanny gehört zu Karl und Emmi zu Christoph. Fanny stand übrigens auf einem Stockerl, damit sie größer erscheint. Nun war sie größer als Emmi, und keiner kennt sich mehr aus. Das ist typisch für diese Hohenlohes.

lohes Älteste, Alice, debütierte. Was es für das stolze Papaherz bedeutet, wenn das Leibesfrüchtchen im blütenweißen Kleide über das Staatsparkett tänzelt – das werde ich wohl erst ermessen können, wenn es mir mit meinen eigenen Töchtern widerfährt. Karl jedenfalls ist kein Mensch, der übertriebene Gefühlsregungen zeigt – und das wohl, weil er sie meistens nicht hat. An jenem Abend bemühte er sich jedoch, so besonders cool zu bleiben, dass man den in ihm brodelnden Vatervulkan geradezu blubbern hören konnte.

Allein: Es galt der Live-Übertragung, er konnte nicht nägelkauend stumm vor dem TV-Gerät sitzen, sondern musste eloquent seinen Mann am Mikrofon sitzen. Er tat es mit Bravour und einigen unsagbaren Pannen, die ich aber doch sage, weil sie ohnehin jeder hören konnte. Den einer ihm wohlbekannten feinen Familie entstammenden Sohn ordnete er kurzerhand einer anderen feinen Familie zu (dass die beiden einander nicht grün sind, sorgte für zusätzliche Pikanterie und hat die Clans übrigens nicht versöhnt). Und merkbar wirbelte es in Karls Kommentaren angesichts der debütierenden Tochter die Generationen durcheinander. Die berühmte Rolling-Stones-Exgattin Bianca Jagger bezeichnete er als »Mick Jaggers Mutter«. Als Ulla Weigersdorfer, immer noch von blühender Jugendlichkeit gesegnet, ins Bild kam, erklärte ich wahrheitsgemäß, dass es sich bei diesem Wesen um die ehemalige Miss World handelte. Kari meinte bockig: »Das war lange vor unserer Zeit.« Kari ist gewiss kein uncharmanter Mensch; sein Gehirn dachte wohl in diesem Moment, dass sich Ullas Weltfräuleintum vor der Geburt des eigenen Fräulein Tochter zugetragen hatte. Das stimmt und deshalb ist die unermessliche Frechheit verzeihlich.

Falterfreuden

Was das Schönste am Opernball-Kommentieren sei, werden wir bisweilen gefragt. Einer der schönsten Momente für mich war es fraglos, mit Kari auf dem Cover der von mir sehr geschätzten Stadtzeitung »Falter« zu erscheinen. Wir tragen auf dem Bild Fräcke – keine normale Bekleidung für »Falter«-Titelhelden, die im Blattinneren nicht verrissen, sondern gelobt werden. Die Schlagzeile lautete logischerweise: »Wir würden auch nackt moderieren«. Das dazugehörige Interview ist streckenweise wirklich lustig und gibt den Alltag der Opernballkommentatoren (ein Alltag, der nur aus einem Tag im Jahr besteht) plastisch wieder. Kari meint an einer Stelle etwa: »Ich bin so ungefähr das Gegenteil von schlagfertig. Ich implodiere.« Hier hat er sich selbst unter-

schätzt, an anderer Stelle überschätzte er freundlicherweise mich:

HOHENLOHE: Der Christoph kennt sich sowieso perfekt aus, was die Oper betrifft. Wer da auftritt, welche Künstler das sind, was die singen. Und die anderen Gschichtln über die Prominente liest man eh ständig.
WAGNER-TRENKWITZ: Außerdem kann ich immer die ausländischen Staatsgäste perfekt aussprechen.
HOHENLOHE: Er glaubt, er ist der König der Aussprache, das überlass ich ihm.
WAGNER-TRENKWITZ: Zum Beispiel Stipe Mesić. Der eigentlich Stjepan heißt, aber sein dankbares Volk nannte ihn Stipe.

HOHENLOHE: Schon wieder eine seiner trostlosen Geschichten ...

WAGNER-TRENKWITZ: Dann haben wir den polnischen Ministerpräsidenten Aleksander Kwasniewski mit seiner Frau Yolanta – aufpassen! – Kwasniew*ska*. Das sind die wichtigen Details, auch wenn's keiner merkt. Und wenn ich so beginne, etwas für mich wahnsinnig Interessantes zu erzählen, schaltet mich der Kari ab. Da kommen gerade alle Stars ins Bild, und ich erzähle trotzdem weiter von der polnischen Botschafterin und wie sie gerne ausgesprochen wird, der Kari wird schon ganz nervös neben mir ...

HOHENLOHE: Wir können unsere Mikros ja gegenseitig abschalten. Das hat der Christoph einmal gemacht, mitten in der Geschichte von dem verstorbenen Pferd. Die Tochter der Olympiasiegerin Sissy Theurer hat damals debütiert und wir sind wieder einmal ein bissl vom Thema abgeglitten. Am Schluss haben wir dann über das Pferd Mona Lisa gesprochen und dass es jetzt ausgelächelt hat, und wir haben die Umstände des Todes besprochen. Das hat Christoph erzählt, und ich habe nicht mehr richtig aufgepasst, weil es wirklich langweilig war. Und drei Sekunden später hab' ich mit derselben Geschichte wieder angefangen – da hat er mich dann ausgeschaltet.

Ich hoffe, es ist urheberrechtens, so lange aus einer Zeitschrift zu zitieren; aber erstens haben wir all das selber gesagt, und zweitens bin ich »Falter«-Abonnent und würde das Blatt sofort – wenn auch schweren Herzens – abbestellen, wenn mir sein Anwalt nun auf den Pelz rückt. Und das will doch die hohe »Falter«-Redaktion nicht, oder?

Postskripta zum Opernball

Gleich füge ich noch an, dass mir der »Falter« eine weitere Riesenfreude beschert hat, als ich in der »Best-of-Böse-Edition« 2006 nicht etwa in der Liste der 100 bösesten Österreicher aufschien, sondern in der Rubrik »Zwillinge – bei der Geburt getrennt«. Neben dem Konterfei von »R. Atkinson (Mr. Bean)« schien das meinige auf: »G. Wagner-Trenkwitz (Mr. Opernball)«. Vornamsweise hat man mich zwar mit meinem verstorbenen Schauspieleronkel Georg Trenkwitz verwechselt, aber das hat die Freude überhaupt nicht getrübt.

Schönes und weiteres

Weitere schöne Momente lassen sich nicht vollzählig im Detail anführen. Mit Kari dazusitzen, in Fräcken, die niemand sieht, ist immer wieder eine Sternstunde. (Einmal fragte die ehemalige ORF-Generaldirektorin Monika Lindner in großer Runde, ob man uns nicht auch billiger einkleiden könnte. Darauf durfte ich lautstark schlagfertig sein: »Frau Generaldirektor, man hört den Frack.«)

Unzählige Sager, die der Augenblick gebiert, gehören jedenfalls zum Schönen; zum Beispiel, um nur eine Persönlichkeit herauszugreifen, jene Hannes Androschs (»Mir san net scheen, aber mir san da«, oder: »I arbeit scho lang nix mehr, i bin nur mehr tätig«).

Der eine Auftritt pro Jahr stempelte uns zu Prominenten (ich wurde jahrelang auf der ORF-website als »Star« geführt) und qualifizierte uns für weitere Aufgaben: Wir durften die Hochzeit des Tanzlehrers Balász Ecker kommentieren (keine leichte Aufgabe, mit einem nicht schwindelfreien Hochadeligen in schwindelnden Höhen auf einem Gerüst zu sitzen!), wir durften den Fernsehpreis ROMY präsentieren (immerhin einmal, auf die obligate Trophäe warten wir allerdings heute noch) und zweimal im Doppelpack Radiowerbungen sprechen.

»Llabnrepo«

Wir haben aber auch unsererseits junge Talente entdeckt: Kaum hatte Robert Palfrader in einer unserer Opernball-Dokumentationen (das sind die Voraussendungen zum Ball, die um 20.15 Uhr ausgestrahlt werden) eine kleine und witzige Rolle verkörpert, wurde er in den Kaiserstand erhoben. Palfrader ist aber auch ohne uns immer schon einer der witzigsten Menschen gewesen, er besitzt (wie »Borat« Sacha Baron Cohen) das Urtalent des Brachial- und Realkomikers. Ich erinnere nur an die Serie »Echt Fett«, bei der er einmal einen U-Bahn-Kontrollor darstellte und mit dem Ruf »Sparschweinkontrolle!« das Abteil betrat. Während einige präparierte Mitwirkende folgsam ihre Sparschweine in die Höhe hielten, wurde eine verwirrte Dame, die nur mit einem Fahrschein aufwarten konnte, von Palfrader aus dem Waggon komplimentiert. Als sich die Frau ein Herz fasste und meinte: »Ich bin mir sicher, viele haben ihre Sparschweine nicht mit«, antwortete Palfrader genialisch-trocken: »Ja, schon, aber Sie hab' ich derwischt.«

Harald Serafin schwört, dass er für »Dancing Stars« nur rekrutiert wurde, weil er der ORF-Spitze in unserer Ball-Doku, einem kunstvoll gefälschten Roundtable, gefallen hatte. Kari hatte für dieses Streitgespräch übrigens die geniale Idee, die Prominenten (darunter Peter Rapp, Dagmar Koller und Thomas Schäfer-Elmayer) das Wort Opernball rückwärts sagen zu lassen. Das mühsam entstandene »Llabnrepo« spielten wir dann rückwärts ab, wodurch unbeschreiblich gequälte und unglaubwürdige »o-p-e-r-n-b-a-l-l«-Würste den Mündern entquollen.

Apropos »Dancing Stars«: Kari und ich wurden zweimal zur Mitwirkung eingeladen, machten unsere Teilnahme aber davon abhängig, *miteinander* tanzen zu dürfen. Tja, nicht jeder schöne Traum erfüllt sich ...

Im Greisenfach

Im Allgemeinen wunderschön ist es, mit noch nicht einmal 40 Jahren (mit 38 kommentierte ich erstmals den Ball) im Greisenfach angelangt zu sein. Es ist ein großes Privileg, sich nicht überlegen zu müssen, wie man ein jugendliches Liebhaber-Image verteidigt, sondern bloß wie Waldorf & Statler (das sind die beiden rüstigen Rentner in der Muppet-Show) für ewige Zeit andere Leute ausrichtet.

Immer wieder schön war es, die Opernball-Dokus zu schreiben, zu drehen und am Ballabend in der Oper dann anzusehen (ohne Ton, denn wir bekommen im Kammerl nie einen Ton auf die TV-Bilder, dafür bekamen wir mehrere Jahre den halb abgefressenen Spaghettiteller von Arabella Kiesbauers Agenten auf den Tisch gestellt).

Eine unserer Dokus stellten wir unter das Motto »Der Opernball von A bis Z« und gossen unsere Weisheiten auch noch in Schriftform. Das Ball-Event, lexikalisch betrachtet, liest sich dann so:

Das kleine Opernball-ABC

Egon Friedell (das ist jemand anderer als Edi Finger, allerdings auch nicht so bekannt) meinte einstmals, in Österreich werde man nur dann berühmt, wenn man etwas auffällig *nicht* tut. Ein auffälligeres Nichts als der Wiener Opernball lässt sich kaum vorstellen, die einzige Spitze, die größer ist als der dazugehörige Eisberg. Österreicher bejubeln das rauschende Ballfest (wieso rauschen Ballfeste eigentlich?) als eine der großen österreichischen Institutionen, da alle Betrachter von außen den Opernball für typisch österreichisch halten. Das haben die Österreicher bemerkt und waren fortan stolz auf ihn.

Zum Ball der Bälle (schon wieder so eine unvermeidliche Phrase), Ausgabe 2005, schufen die Autoren dieses Artikels eine Fernsehdokumentation, die sie zu den Autoren dieses Artikels machen sollte: »Das heitere Opernball-ABC« – natürlich dachten wir an Robert Lembkes »Heiteres Beruferaten« und andere

TV-Klassiker, als wir uns an die Arbeit machten. Und dachten nicht daran, den von optischen Effekten lebenden (und damit sehr opernballgemäßen) Beitrag jemals in schriftliche Form umschmieden zu müssen. »Der Opernball von A bis Z, also von Abendrobe bis Zylinder, von Antel bis Zilk, von Antike bis Zukunft, von Anabolika bis Zugluft und von Androsch bis Zawinul«, so tönte es damals. Nun aber zur ernsthaften Fasslichkeit und zur fasslichen Ernsthaftigkeit, die ein Lexikonartikel erfordert.

ADLMÜLLER, FRED (1909–1989)

Modeschöpfer, der dennoch aus Nürnberg stammte. Er beehrte jahrelang die Opernbälle mit seiner feinschnurrbärtigen Präsenz. Fast so lange (1973–1980) lehrte er an der Hochschule für angewandte Kunst in Wien. Er entwarf in selbstloser Weise Toiletten für Damen, zeigte sich Jahr für Jahr von den eleganten Roben auf dem Ball beeindruckt und gab diesem Gefühl in immer denselben Worten bei TV-Interviews Ausdruck.

BAYERN, WIR FEIERN MIT DEN

Dieser Schlachtruf bezieht sich nicht nur auf *Adlmüller* (siehe dieser) und den forschen Walzertänzer Franz Josef Strauß, nicht nur auf die zerbrechliche Uschi Glas und den etwas robusteren, dafür völlig mimikfreien Ottfried Fischer. Für mehrere Jahre schloss sich der Bayerische Rundfunk an die ORF-Übertragung des Opernballs an. Der aus Restdeutschland stammende Moderator Gerhard Schmitt-Thiel erwarb sich hierbei den Ehrentitel »Weißwurst-Danilo«.

CLOSETT, DAS

Einrichtung, auf die Altbundeskanzler Bruno Kreisky nach eigener Aussage einmal vor der Damenwahl floh. Im Opernball-

Fernsehinterview mit dem Starmoderator Heinz Fischer-Karwin benützte Kreisky sogar beherzt das Wort »Häusel«.

DAMENWAHL, DIE
Beim Opernball unüblich. Ansonsten siehe *Closett.*

ELEVEN, DIE
Gruppierung von Ballett-Kindern unbestimmten, aber jedenfalls minderen Alters zur Erbauung des Opernball-Publikums, aber auch zur bitteren Erkenntnis, dass man selbst niemals so jung war. Herkunft des Ausdruckes umstritten. Manche Forscher führen »Eleven« auf eine mittelhochdeutsche Verballhornung des Begriffes »Elfen« zurück. Andere meinen, der Wortstamm sei das englische »eleven«, da die Kinder früher zu elft aufgetreten oder sich in Elferschritten fortbewegt haben. Überliefert hat sich das Scherzwort »Drei Corner ein Eleve«. Der Auftritt der Eleven im Rahmen der Eröffnung ist jedenfalls ein sicherer Höhepunkt der Balleröffnung. Mögen auch Tänzer fallen oder (wie bei der von Renato Zanella gestalteten Eröffnung 2004 absichtlich) ihre Hosen fallen lassen, die Kinderln gehen immer ans Herz.

FAKTEN, DIE
Gesichertes Wissen über den Wiener Opernball gibt es wenig: Erste Hofopernsoirée am 11. Dezember 1877. Zwischen 1878 und 1929 Opernredouten. Kaiser Franz Joseph war nie dabei, auch als er noch am Leben war. 1935 erster Opernball dieses Namens. Zwischen 1940 und 1955 keine Opernbälle (zunächst aus Kriegsgründen, dann in Ermangelung des Opernhauses, das im November 1955 wiedereröffnet wurde). 1991 Ausfall des Ereignisses aufgrund des (ersten) Golfkrieges. Seit 1992 (trotz allen Kriegen) wieder Opernbälle.

GÜRTLER, ELISABETH
Ballmutter (seit dem Jahr 2000), die aber nicht so genannt
werden möchte. Im Privatleben erfolgreiche echte Mutter, im
öffentlichen Leben das Jahr über nicht minder erfolgreiche Wirt-
schaftstreibende. Schaffte das alljährlich neue Ballmotto zugunsten einer alljährlich neuen Ballfarbe ab; diese ist ihrer jeweiligen
Garderobe angepasst.

*NB: Als einstmals von Agnes Baltsa eine »Opernball-Rose« ge-
kürt wurde, regten Kari und ich an, das Blümchen »Gürtlerrose«
zu taufen. Der Vorschlag wurde abgelehnt.*

HOHENLOHE, KARL siehe Wagner-Trenkwitz

HOLENDER siehe *Ioan*

IOAN oder JOAN, HOLENDER
(*1935), Staatsoperndirektor (Ioan stimmt). Als Längstdienen-
der hat er auch die meisten Opernbälle auf dem Buckel. Das
erste Drittel seiner Amtszeit verbrachte er die Ballwoche zumeist auf den Schipisten um Lech. Seit der Ausgliederung 1999
speist der Ball das Budget der Staatsoper. Vitales, weil finan-
zielles Interesse erwachte. Er engagierte Elisabeth Gürtler
(siehe diese), der Ball wurde umgestaltet – so weit das möglich
ist. Beim ersten gemeinsamen Opernball waren aller Augen auf
die noch neue Regierung gerichtet. Künstler des Hauses marschieren seit 2000 zur Eröffnung ein und stehen auch sonst im
Mittelpunkt (zumindest der Aufmerksamkeit von Direktor
Holender).

*NB: Diese Information ist überholt. Mittlerweile marschieren
die Künstler nicht mehr. Karl Hohenlohe hat einen beherzten
Beitrag zur Abschaffung des Einzuges geleistet. Als bei einer Ball-*

eröffnung, ich glaube 2002, Museumsdirektor Wilfried Seipel im Sängerflor über das Parkett schwebte, fragte mein Freund das Mikrofon: »Was singt der Seipel?« Ich antwortete verdattert: »Wahrscheinlich die Aida, er ist ja Ägyptologe.« Darüber hat niemand gelacht, aber Direktor Holender hat sich geärgert und zu mir gemeint: »Ihr Graf von Kurier hat den Seipel umgebracht. Der zieht mir nimmer ein.« Als dann auch noch Richard Lugner meinte, das Ganze nähme sich aus wie ein Trauermarsch, war der Einzug gestorben. Mein »Graf von Kurier« hat sich darüber sehr gekränkt, nie mehr würden wir Stilblüten wie die folgende in die Welt setzen dürfen: »Hier der Opernführer Marcel Prawy, seinerseits geführt von Senta Wengraf.« Aber, o Freude: 2010 soll angeblich doch wieder einmarschiert werden – lassen wir uns überraschen!

Komm mit mir ins Chambre séparée

Falsche Beginnzeile für das Lied aus Heubergers Operette »Der Opernball«. Richtig ist: »Gehen wir ins Chambre séparée«. (Die Wiener lieben ihre Operetten so sehr, dass sie die berühmtesten Stücke daraus grundsätzlich falsch zitieren; ein anderes Beispiel: »Heut geh' ich ins Maxim« aus der »Lustigen Witwe« lautet in Wahrheit: »Dann geh' ich zu Maxim«.) Ein Lied, das so heißt, müsste doch wohl im Hotel Sacher spielen (die sagenumwobenen »Extrazimmer« befanden sich übrigens dort, wo heute die charmante Juniorchefin ihren Bürotätigkeiten nachgeht), tut es aber nicht, sondern auf dem Opernball, und zwar dem Pariser. Aus der französischen Hauptstadt stammen übrigens sowohl die Opernbälle als auch die Operette im Allgemeinen. Wie verwirrend für die Wiener, die doch alles erfunden zu haben glauben, was (ihnen) Spaß macht.

LUGNER, RICHARD

Biederer Baumeister mit Ehegattin (»Mausi«), Einkaufszentrum
(»City«) und TV-Sendung (»Soap«). Stammgast, der für weibliche
Stargäste sorgt, die dem Staatsoperndirektor nicht bekannt sind
(u. a. Claudia Cardinale, Sophia Loren, Faye Dunaway, Pamela
Anderson, Andie MacDowell). Fühlt sich auf dem Ball wohl wie
ein Pudel. Die TV-Kamera erwischte ihn einmal bei einem tota-
len Adoptionsversuch, als der Baumeister sprach: »Der Lugner-
Ball war ein großer Erfolg.«

MUSIK, DIE

Spielt auf dem Opernball. Spielt jedoch eine untergeordnete,
wenn auch allgegenwärtige Rolle. Johann Strauß komponierte
den Walzer »Wiener Blut« für die Hofopernsoirée anno 1873 (die
allerdings im Musikverein stattfand. Dort halten auch die Wiener
Philharmoniker ihren alljährlichen Ball ab; auf dem Opernball
zeigen sich deren Mitglieder nebst Gattinnen, neuerdings auch
Gatten, nur sporadisch). Wenn es heißt »Alles Walzer!« (siehe:
Parkett), dann liegt die Betonung nicht auf Walzer, sondern auf
»Alles«.

NERZ, DER

in sumpfigen Gebieten lebendes Raubtier, dessen Fell regelmäßig in den Foyers der Staatsoper auftaucht. Die darunter zum
Vorschein kommenden Damen beziehen die allgemeine Erre-
gung auf sich. Der Nerz ist ein geselliges und kunstsinniges Tier;
schon halbwüchsige Nerze fragen gerne ihre Mutter: »Mami,
wenn ich groß bin, komme ich dann einmal in die Oper?«

OPERNBALL, DER

siehe XYZ

Eine Spitze, größer als der Eisberg

PARKETT, DAS

eigentliches Zentrum des Opernballs. Vor Beginn des Balles versperren die Kordelsteher pflichtgemäß den Besuchern die Sicht auf das Eröffnungsprogramm. Wenn der Maître de plaisir die Worte »Alles Walzer!« ins Mikrofon ruft, lösen sich die Kordelsteher (siehe auch: Urlaubsvertretung) schlagartig in Luft auf, und die Zurückgehaltenen strömen auf das P. Es findet beim Tanz, der Balz, aber auch beim Raufhandel Verwendung, wird in den Morgenstunden mitunter schwankend wahrgenommen. Es gibt die glatte und die raue Ausführung. Eine Besonderheit ist das sogenannte Stab-Parkett, dessen Betreten ausschließlich Führungspersonal vorbehalten bleibt.

QUAL, DIE

siehe Damenwahl, der

RAUCHVERBOT, DAS

2005 verhängt, treibt es Raucher aus der Weite des Ballvergnügens in die Enge erlaubter Zonen oder an nicht glimmende Nikotinersatzstängel. Kleiner Trost für große Raucher (vom Direktor bis hinunter zum Kommentator): in den »Betriebsräumen« war das Rauchen immer noch gestattet. Mancher Ballgast widmete vor laufender Kamera beherzt seine Loge zum Betriebsraum um.

SCHÖNFELDT, CHRISTL

(ja nicht Christel!) Bemutterte in unnachahmlicher Manier (streng und nobel, herzlich und diskret zugleich) die ersten Nachkriegsopernbälle von 1956 bis 1980. Witwe des echten Grafen Rudolf Hornegg, Trägerin eines echten Doktortitels und zahlloser ehrender Auszeichnungen.

Postskripta zum Opernball

TOBISCH VON LABOTYN, LOTTE
Folgt im Alphabet auf Schönfeldt und folgte auf sie als Opernball-»Mutter«. Ursprünglich Schauspielerin, ist sie auf allen wichtigen Bühnen der Hauptstadt in Erscheinung getreten. Ihre bedeutendste Rolle spielte sie zwischen 1981 und 1996 auf der Weltbühne des Balles, allerdings nur einmal pro Jahr. Wechselte Briefe mit Theodor W. Adorno und später mit Staatsoperndirektor Holender, mit ersterem jedoch lieber.

TREICHL-STÜRGKH, DÉSIRÉE
Debütiert 2008 als Ballmutter, übrigens die erste, die jünger ist als Hohenlohe (siehe dieser) und Wagner-Trenkwitz (siehe jener). Sprüht von Ideen – welche davon Erfolg haben wird, muss sich erst zeigen.
NB: Vieles davon hat sich schon gezeigt, u. a., dass auch diese (junge Ball-)Mutter es schwierig hat mit dem rüstigen Operndirektor.

URLAUBSVERTRETUNG, DIE
Während des Opernballes ist die nicht ortskundige Urlaubsvertretung des Platzanweisers (französisch: Billeteur, altösterreichisch: Logenschließer, wohlgemerkt nicht -öffner!) meist häufiger anzutreffen als der Platzanweiser selbst. Dies führt zu einem satten Strom von Suchenden, der sich zwischen Toiletten, Buffets und Casino prinzipiell in der falschen Richtung vorwärts bewegt. Es soll vorgekommen sein, dass unter großem Druck stehende In-die-Irre-Geleitete das rettende WC zu spät erreichten und daher Logen für elementare Bedürfnisse missbrauchen mussten (siehe: Rauchverbot).

VISION, DIE TELE-
Das österreichische Fernsehen berichtete seit dem ersten Nachkriegs-Opernball 1956 von diesem, seit 1972 bietet es Gesamtübertragungen des Ereignisses, die bis in die entlegensten Weltgegenden von der Erhabenheit des österreichischen Vergnügungsbedürfnisses zeugen. Üblicherweise glaubt der Homo sapiens nur, was er sieht. Den Opernball sieht er jedoch, weil er es nicht glauben kann.

WAGNER-TRENKWITZ, CHRISTOPH
siehe *Hohenlohe*

XY UNGELÖST
Der Opernball ist ein Rätsel zwischen ...

... ZAUBER UND ZORES,
und das wird er immer bleiben!

Alle verrückten Mails

Hier endet offenbar das Alphabet. Aber noch keineswegs die Weisheiten über den Ball der Bälle. Im Gefolge des Balles 2008 erschien eine »Presse«-Kolumne von Peter Strasser unter dem sachlichen Titel »Opernball: Eine Nachbereitung«. Professor Strasser resümierte seinen TV-Abend, den er, »flankiert von meinen Meerschweinchen Fritzi & Fratzi, am Schoß meinen Vollmops Paul« verbracht hatte. Sein Resümee in aller Kürze: Die »verhausschweinte Gesellschaft des todfaden Opernballs« hatte nicht seinen Geschmack getroffen.

Ich tat etwas, was man nie tun sollte – auf einen Zeitungsverriss reagieren –, und trat damit eine vergnügliche Mail-Lawine los. Die Teilnehmer waren neben Strasser, Hohenlohe und mir auch der »Presse«-Kulturchef Norbert Mayer und Barbara Rett – die sich jedoch auffällig nobel zurückhielt, indem sie zwar alle Mails erhalten, aber keines beantwortet hat. Vielleicht weil sie ihren Status als »Kulturlady« nicht unnötig gefährden wollte.

7. Februar 2008, 14.38 Uhr
Von: Christoph Wagner-Trenkwitz
An: Peter Strasser
Cc: Karl Hohenlohe, Norbert Mayer, Barbara Rett
Betr.:   Opernball
Lieber Herr Strasser (da @Uni Graz, fehlt hier wohl irgendwo ein Professor)!
Also war der Opernball »todfad«, wie Sie (4mal) schreiben. Das tut mir herzlich leid, da ich ja auch mitgemischt und gemeinsam mit meinem Freund und Kollegen Hohenlohe für den amüsanten Teil verantwortlich war. Da wir namentlich nicht erwähnt werden, habe ich zumindest eine geringe Hoffnung, dass wir nur »fad« und wenigstens nicht »tod« waren.
Allerdings andererseits: Wenn Sie unseren Beitrag wahrgenommen hätten, dann hätten Sie auch mitkriegen müssen, dass der »zu Tode gelangweilte Tenor« (was Sie dem Ball für eine Sterblichkeitsrate andichten!) die »Siciliana« aus »Cavalleria rusticana« geträllert hat. Und zum Ballett haben Karl und Christoph ja auch manches gesagt, was Sie vielleicht aufgeheitert (oder besser: reanimiert) hätte.
Aber klarer Fall: Unsere Tonleitung reichte nicht bis ins Wohn-

– 195 –

zimmer von Fritzi, Fratzi & Petzi. Das ist traurig! (Aber nicht tod-
traurig.) Vielleicht beim nächsten Mal!
Mit besten Grüßen
Ihr
wagner-trenkwitz

7. Februar 2008, 18.25 Uhr
Von: Peter Strasser
An: Christoph Wagner-Trenkwitz
Cc: Karl Hohenlohe, Norbert Mayer, Barbara Rett
Betr.:   Opernball
Ich schwör's, es war todfad. Aber, und da muss ich gleich Abbitte leisten, es war nicht todfad wegen Ihrer und der von mir ebenfalls hochgeschätzten Moderation des Herrn Hohenlohe: gepflegt humorig, temperiert charmant, was will der Qualitätsfern-
seher mehr? Doch was den Charme betrifft, da wird in meiner
Qualitätskolumne halt immer, pars pro toto, der Barbara Rett ein
roter Teppich ausgerollt.
Nein, todfad war's, weil der ORF sich darauf versteift, ein Popu-
lärevent, das, Qualität hin oder her, die Voyeurlust des Zwangs-
gebühren zahlenden Publikums mit Bezug auf die »Hi Society«
(ich hoffe, Sie verzeihen mir die Anspielung) befriedigen soll, zu
servieren, als ob's darum ginge, die Weltmeisterschaft in seriöser
Gesellschaftsberichterstattung zu gewinnen.
Ich bitt Sie, keine Pornoqueen, kein Lugner, keine investigativen
Logenstierlereien, keine knallbunten Indiskretionen! Stattdessen immer nur »very very very wonderful« und ein bissl Herum-
gehopse in der Interviewerloge. Und das stundenlang. (Und
dann dieses unsägliche Fußballballett zu dieser unsäglichen
Musik, dagegen wäre ja ein Provinzgschnas noch super ausge-
stiegen. Aber das ist schon wieder eine andere Geschichte.)

Postskripta zum Opernball

Also seien Sie mir bitte nicht böse, ich wollte Ihren Charme (und den Ihres Freundes Hohenlohe) nicht schmälern, und bin meinerseits bereit, Ihnen nicht böse zu sein, dass Sie meinen Vollmops Paul »Petzi« nennen.

Petzi!!!

Mit herzlichen Grüßen

Ihr Peter Strasser

Univ.-Prof. Dr. Peter Strasser

Institut für Rechtsphilosophie, Rechtssoziologie und Rechtsinformatik

8. Februar 2008, 11:03

Von: Wagner-Trenkwitz

An: Strasser

CC: Hohenlohe, Mayer, Rett

Ebenso hoch verehrter Herr Professor,

ich habe Ihre Kolumne mit viel Freude gelesen und nur des Juxes halber geantwortet.

Und jetzt vergeben Sie mir sicher auch, dass ich mit Petzi niemand anderen als Sie gemeint habe…

Beste Grüße

Cwt

8. Februar 2008, 15:13

Von: Hohenlohe

An: Wagner-Trenkwitz

Cc: Mayer, Rett, Strasser

Ich hege die große Befürchtung, man hat die Petzi-Krise voreilig für beendet erklärt.

KH

– 197 –

Eine Spitze, größer als der Eisberg

8. *Februar 2008, 15:51*
Von: Mayer
An: Hohenlohe, Rett, Strasser, Wagner-Trenkwitz
Ich weiß ja nicht, ob ich mich in diesem erlauchten Kreis überhaupt zu Wort melden darf und möglicherweise sogar zur Eskalation beitrage. Aber »Petzi« ist die Koseform des kreuzbraven heiligen Bernhard, nicht von Sankt Peter.
Man duzt mit Petzi auch halbwüchsige Bären. Und die sind meiner Erfahrung nach selbst als einfache Debütanten auf dem Opernball kaum gelitten, obwohl sie exzellente Tänzer sein sollen.
Mit freundlichen Grüßen
Norbert Mayer

8. *Februar 2008, 16:05*
Von: Wagner-Trenkwitz
An: Mayer, Hohenlohe, Strasser
Cc: Rett
Petzi ist nicht der kleine Peter? A, schau…
Langsam bestehe ich übrigens darauf, dass dieser erlauchte Mail-Wechsel in Druckform erscheint. Was wird's: Eine SPECTRUM-Seite? Oder mehr ein Sonderdruck der Uni Graz?
Und: Ist es nicht schön, dass uns das teuerste und unnötigste Ereignis des Jahres so lange auf gedankensprühendem Trab hält?
Grüße an alle
Cwt

8. *Februar 2008, 16:13*
Von: Mayer
An: Wagner-Trenkwitz, Hohenlohe, Strasser
Cc: Rett

– 198 –

Postskripta zum Opernball

Petzi, dieser Kreuzzugsheilige, ist fast so gefährlich wie die Petze, die frühneuzeitliche Hündin. Die Engländer sagen bitch dazu. (Das hat aber rein gar nichts mit dem Opernball zu tun, sondern damit, dass die Petze in meinem Etymologischen Wörterbuch vom Herrn Kluge gleich direkt unter Petz steht. Darüber steht die Petunie, die ist mit dem Tabak verwandt und wohl allein deshalb nicht als Dekoration an den Logen zugelassen.)
Hochachtungsvoll
norb

8. Februar 2008, 16:20
Von: Hohenlohe
An: Wagner-Trenkwitz
CC: Mayer, Rett, Strasser
lieber christoph, mir ist das alles zu versöhnlich, Du hast nun einmal diesen petzi-disput vom zaun gebrochen und jetzt tust Du, als ob nix wäre und drängst auf die spectrum-seite. norb hat völlig recht, wenn er in deinem zusammenhang das wort »petunie« verwendet.

8. Februar 2008, 16:27
Von: Wagner-Trenkwitz
An: Mayer, Hohenlohe, Strasser
Cc: Rett
Gerade dachte ich mir, dass Kari sich verdächtig raushält. Er, der die PRESSE ja gar nicht liest, sich vielleicht mal am Sonntag eine KRONE gönnt (was für eine witzige Anspielung, ist er doch die Nummer 321 in der englischen Thronfolge!)…
Von wegen »petunie«! Wenn Du jetzt vor all diesen respektablen

– 199 –

Leuten ordinär wirst, kann ich Dir nur eines sagen: Mir wirst Du
nicht das Wasser lassen, Du alte Hypotenuse!
Jetzt ist es raus, war aber auch wirklich nötig!
Euer aller
Cwt

8. Februar 2008, 18:21
Von: Strasser
An: Wagner-Trenkwitz, Hohenlohe, Mayer
Cc: Rett
Betreff: AW: Antw: AW: Opernball
»… so entsteht in der Welt etwas, das allen in die Kindheit scheint
und worin noch niemand war: Heimat.« (Bloch: Das Prinzip
Hoffnung, 3. Bd., Frankfurt a. M. 1959, Seite 1628.) Wäre gern
»Petzi« gewesen. Wieder eine Hoffnung ärmer. Immer nur
heißt's, Strasser hin und Strasser her! Schwache Grüße vom Not-
bett meines begehbaren Medikamentenschranks. Dutzendweise
Prontopx-Forte-Zäpfchen geschluckt. Jetzt viel Friede, aber
kaum noch Freude im Leben, außer die Vorfreude auf Dancing
Stars. (Jeannine Schiller!!!)
Euer P. Möchtegern-»Petzi« S.

8. Februar 2008, 20:10
Von: Hohenlohe
An: Strasser
CC: Mayer, Rett, Wagner-Trenkwitz
sehr geehrter herr Professor,
machen Sie sich bitte nichts daraus, millionen wollten petzi sein
und haben es nicht geschafft, Cwt hingegen wollte nie petzi, möglicherweise kasperl sein, und konnte reüssieren, ich weiß leider
nicht, was norb sein wollte, ich selbst möchte mich diesbezüglich

bedeckt halten. ich werde jetzt auch einmal bei den dancing stars hinein schauen und bin sehr gespannt, wie es der friseur von balasz angelegt hat.

mit besten grüssen

kh

8. Februar 2008, 22:12
Von: Mayer
An: Hohenlohe, Rett, Strasser, Wagner-Trenkwitz
Ich sags auch nicht, dass ich immer der Begleiter schoener Frauen sein wollte, und immerhin gibt es in Wien ab 50 die Moeglichkeit des Petzi h. c. Ausserdem behaupte ich in Graz immer, als Dominique Norbert Mayer leite ich simultan Staats- und Volksoper sowie die Presse. Weil das inzwischen selbst LH Voves glaubt, werde ich inzwischen in allen steirischen Wirtshaeusern freigehalten wie ein Senator.
Mit gewerkschaftlichem Gruss
Norb

11. Februar 2008, 14:33
Von: Wagner-Trenkwitz
An: Hohenlohe, Mayer, Strasser
Cc: Rett
Irgendwie verliert unser Multilog an intellektueller Schärfe. Also der Reihe nach (wie Kulturkritiker immer schreiben, wenn sie sich selbst nicht mehr auskennen):
Einer muss nun mal der Petzi sein! Da kann der Herr Professor mit seinen Haustieren und Prontopx-Forte-Zäpfchen (!) noch so herumkaspern. Unter der Hand lässt er auch Frau Schiller, Krokodil und Grossvatti in einem, einfließen. Und es bleibe auch nicht unerwähnt, dass gegen den Friseur von Schillers Tanzpart-

– 201 –

Eine Spitze, größer als der Eisberg

Kari und ich haben auch einmal Polizisten gespielt. Ein Deix-Fotoshop-Programm hat uns zur Kenntlichkeit entstellt.

ner Balázs ein Prozess wegen Wiederbetätigung läuft! Aber was geht uns das Bezirksgericht von Györ an ...
Und schließlich, an die Adresse der »Presse« (ich glaube, Ringstraße in Wien): die Anspielung auf den »Begleiter schoener Frauen« habe ich wohl verstanden, möchte aber keinesfalls, dass meine Vaterschaft zu Anna Netrebkos Leibesfrucht an das Licht der Öffentlichkeit gezerrt wird!
hochachtend Cwt

11. Februar 2008, 15:09
Von: Strasser
An: Hohenlohe, Mayer, Wagner-Trenkwitz
Cc: Rett

Postskripta zum Opernball

Ja also, hochgeschätzter Cwt, verehrte Mitdiskutanten, was war es gleich, was wir wirklich wissen wollten? Ich hoffe, dass es Barbara Rett, die sich unserem Privatissimum regelrecht zu verweigern scheint (vermutlich, um die Frauenquote zu senken), doch noch einfallen wird!
Bis dahin allerherzlichst
euer P.S.

Barbara fiel es nicht ein (was hat sie auch auf diesem Niveau zu suchen), und damit war der überdrehte Mailverkehr auch schon beendet. Der Kreis schloss sich mit einer weiteren Strasser-Kolumne in der »Presse«. »Abbitte an Wagner-Trenkwitz« wurde die Schrift übertitelt, Hohenlohe und ich als »Trendsetter des gepflegten ORF-Humors« rehabilitiert. Setter, ts, ts ... dieser Peter Strasser hat es aber mit den Hunden ...

Ist das Opernball-Kapitel damit abgeschlossen? Bis auf Weiteres ja. Doch spätestens mit dem nächsten rauschenden ... na, Sie wissen schon, wird ein neues Kapitel zur Feier der immer gleichen Feierfreude aufgeschlagen werden. Und Karl Hohenlohe und ich sind hoffentlich wieder dabei!

Eines Abends im Rennverein

Ein löblicher Exkurs

Am Abend des 1. Oktober 2008 führte mich ein besonderer Auftrag in den Wiener Rennverein, der im mitleidlos dekorierten Palais Pallavicini (eine Kennerin hat es als »Mörbisch für Reiche« tituliert) tagt: Ich hatte eine Laudatio zu halten. Opfer war mein innig verehrter Freund Franz-Leo Popp, Anlass sein Übertritt in den sogenannten Ruhestand. (Mittlerweile wurde er vorübergehend reaktiviert – als Karenzvertretung für seine Nachfolgerin.) Ich glaube, der Text passt in dieses Büchlein. Denn es geht um einen Vertreter einer der wichtigsten Berufsgruppen, die im Theater anzutreffen sind: um das Publikum. Leos Beruf ist ein nicht-musikalischer (wenn auch ein durch und durch musischer), er ist ein begeisterter Zuseher und -hörer und versteht in seiner amateurhaften Begeisterung bisweilen viel mehr als die »Insider«. Er gehört hingegen nicht zum ahnungslosen und nörgelnden Teil des Publikums (so etwas soll es ja auch geben). Des Weiteren ist dieser Text nicht ganz humorfrei, verdient es also, vom Schwan ins Schlepptau genommen und Ihrer Aufmerksamkeit zugeführt zu werden. Und schließlich beginnt er mit der Veräppelung einer bei Rednern beliebten (bei ihren Zuhörern jedoch unbeliebten) Phrase: Warum heißt es so oft eingangs »Haben Sie keine Angst, ich werde mich kurz fassen«? Warum sollte das Publikum Angst haben vor etwas Gutem, von dem man doch so viel wie möglich haben möchte? Ist doch viel besser als noch so kurze Fadesse, oder?

Ein löblicher Exkurs

Leo Popp hat mich sanft, aber nachdrücklich für meine Teilnahme an der »Great Hadern Show« im ORF gerügt. Ich möchte ihm dieses blödsinnige Bild (nennen wir es »Vokuhila reitet wieder«) freundlich widmen.

Haben Sie keine Angst, meine Damen und Herren, ich werde mich *nicht* kurz fassen. Das Thema lässt es nicht zu.

Dass ich überhaupt jemals meine Stimme im traditionsreichen Rennverein erheben darf, hätte ich mir nie gedacht. Ich verdanke es Professor Magister Franz-Leo Popp. Ich muss da an eine Erzählung aus der Feder von Woody Allen denken: Er schildert das Schicksal eines Herrn Berkovitz, der bei einem Kostümfest als Elch kostümiert auftritt, auf der Rückfahrt eine Reifenpanne hat und von einem Jäger für einen echten Elch gehalten wird. Der Jäger erlegt Herrn Berkovitz, die Trophäe wird im New Yorker Athletic Club an die Wand gehängt und, so Woody Allen im Wortlaut: »Damit ist Berkovitz fein raus, denn eigentlich haben Juden dort gar keinen Zutritt.«

Franz-Leo Popp – ein Goj, wie er im Buche steht, oder doch nicht? – hält mich offenbar für einen echten Elch, und das bringt mich heute in den *Renn*verein – der übrigens so heißt, weil seine Mitglieder hier regelmäßig … sitzen.

Bleiben wir noch einen Moment beim Thema Elch. Es heißt bekanntlich: »Die schärfsten Kritiker der Elche waren früher selber welche« – Sie merken schon, wie diskret ich andauernd literarische Kostbarkeiten einstreue –, ein Satz, der auf Leo überhaupt nicht zutrifft. Er hat nie so getan, als wäre er jemand anderer, seine Karriere hat ihm weder eine Maske vom Gesicht gerissen, noch ihm eine aufgesetzt. Er war einfach immer der Nämliche – und wenn ich sage »einfach«, dann wissen wir alle, dass dies zu den großen Herausforderungen im Leben zählt. Immer derselbe Leo, zumindest seit ich ihn kenne, aber das ist nicht besonders lang: erst 20 Jahre.

Ich saß weiland als Frischg'fangter bei meiner ersten Vorstandssitzung der »Freunde der Wiener Staatsoper«, kam mir ein bisschen unterlegen und ein bisschen überlegen vor, wie das halt so ist, wenn sich ein eher Junger inmitten von eher nicht mehr ganz so Jungen aufhält.

Aber neben mir saß Leo Popp – und da kam ich mir weder unter- noch überlegen vor, sondern konnte mich plötzlich ganz normal unterhalten. Wenn ich sage »normal«, dann wissen wir natürlich alle, dass solche Normalität die Ausnahme ist. Nicht so bei Leo.

Er sprach mich auf meinen Kalender an, der vor mir auf dem Tisch lag und Fotomotive von Paris zeigte; er war gerade davor in Paris gewesen, erzählte darüber und fragte im gleichen Maß nach. Er interessierte sich und sagte Interessantes – das ist eine rare Doppelbegabung, aus der das erwächst, was man »Unterhaltung«

Ein löblicher Exkurs

nennt. Es kann kein Zufall sein, dass dieses Wort Konversation und Diskurs bedeutet, zugleich aber auch niveauvolles Amüsement.

»Gute Unterhaltung« wünschen wir uns alle insgeheim, aber da es so selten passiert, wünschen wir es halt meistens einander. Wir kamen damals, bei jener Vorstandssitzung, ganz einfach ins Gespräch. Wenn ich sage »einfach«, dann wissen wir natürlich alle, dass solche Einfachheit zu den schwierigsten Dingen gehört. Nicht so bei Leo.

Als dann bei der zweiten oder dritten »Freunde«-Sitzung die allgemeinen Du-Worte über mich hereinbrachen, schloss sich auch Mag. Popp an, allerdings mit der Aufforderung, ich möge ihn »Onkel Leo« nennen. Bis heute ist es mein Privileg, ihn als »Onkel«, also als Familienmitglied, bezeichnen und betrachten zu dürfen.

Die »Freunde«-Vorstandsmitgliedschaft ist eines der weniger beleuchteten Kapitel von Leos Vita. Ich werde versuchen, ein wenig Licht darauf zu werfen, ohne allzu viele Schatten heraufzubeschwören.

Menschlich noch ein Stückchen näher kamen wir einander beim – nur für uns zwei legendären – Weihnachtsbazar. Was, werden Sie nun unterbrechen, war der Weihnachtsbazar? Unsere Hauptbeschäftigung war es, an sonnigen Nachmittagen im Burggarten zu sitzen und uns eben das zu fragen. Unsere Nebenbeschäftigung war es, für den Opernfreund reizvolle Produkte in einer Broschüre zusammenzustellen und zum Verkauf über das »Freunde«-Sekretariat anzubieten. Ein nettes, völlig unnötiges Service für Mitglieder. Leo und ich pflegten inmitten unserer Tätgikeit mehrfach die Textzeile aus dem Kreisler-Lied »Der Musikkritiker« zu zitieren: »Zu Weihnachten schenkt man mir Platten; ich brauch Krawatten und neue Schuh' ...«

Eine überhaupt unglaubliche Nähe stellte sich ein, als Leo und ich (und der ganze »Freunde«-Vorstand) gemeinsam eine sogenannte »Zählkartenausgabe« betreuten. Das ist wieder so ein magisches Wort, dessen Sinn ich bis heute nicht durchschaut habe, magischer noch als »Weihnachtsbazar«. Die Abwicklung der Zählkartenausgaben gehörte zum Betätigungsfeld der »Freunde« und geht in eine Zeit zurück, als die Wiener Staatsoper ihre Eintrittskarten nur eher unfreiwillig verkauft hat. Eine Woche vor dem Vorstellungstag wurde das allgemeine Kartenkaufsverbot gelüftet, das für die Kassen bestimmte Kontingent (abzüglich der Auslandsbestellungs- und Bundesländerkontingente) wurde widerwillig unter den Massen von in der Schlange Stehenden (unterscheiden Sie bitte unbedingt Kassen-Angestellte und bei der Kasse Angestellte!) verteilt. Dies trug sich, wohlgemerkt, noch vor den segensreichen Zeiten des Internet zu. Der Gang an die und das anschließende Anstellen an den Bundestheaterkassen (damals noch im Hanuschhof lokalisiert) wurde als Auszeichnung betrachtet. Höhepunkt der Schlangensteherei war eine Zählkartenausgabe anno 1985. Es galt, gleichzeitig für eine »Lohengrin«-Serie mit Plácido Domingo und für José Carreras' Comeback in »Carmen« Karten an den Mann und die Frau zu bringen. Ein undankbares Geschäft, darum auch den Opern-»Freunden« anvertraut. Aberhunderte gewaltbereite Gesichter, einige davon professionelle Käufer im Dienste von Kartenbüros, sammelten sich im plötzlich gar nicht mehr so geräumigen Hanuschhof. Man schob und drängte, als die Türen aufgingen, setzte ein Tumult ein, es gab Geschrei und Verletzte, der Bundestheater-Generalsekretär Georg Springer stand mit blassem Gesicht etwas abseits. Am »Freunde«-Tisch hatten die Massen sich vorbeizuwälzen, dort wurden Zettel abgestempelt, deren Inhaber ihr Recht auf zwei Karten beweisen konnten. Mit diesen Zählkarten durfte man, glaube ich, später echte Karten erwerben – aber so genau weiß ich das nicht mehr.

Inmitten des Tumults saß Leo frischvergnügt an einem Tisch und ordnete wieder andere Zettel, wobei er immer wieder eines seiner Lieblingsworte trompetete: »Ablegen!« (Leos Frau Christl, die ihn als »chaotischen Pedanten« bezeichnet, findet es charakteristisch für ihren Ehemann, dass er auch privatim oft den aus einem alten Kabarett-Sketch stammenden Ruf »Den Akt können S᾽ ablegen« verwendet. Dazu muss man wissen, dass Leo kein Aktenableger ist.) Die bewusste Zählkartenausgabe ging jedenfalls trotz Polizei- und Rettungseinsatz gut zu Ende, sicherlich auch deshalb, weil Onkel Leo seine Gemütsruhe nicht verloren hat. Und mittlerweile gibt es ja auch das Internet, und jeder, der Karten kaufen möchte, kann dies tun.

Ich könnte nun von weiteren »Freunde«-»Events« berichten, merke aber lieber an, dass FLP, *obwohl* langjähriges Vorstandsmitglied dieses Vereins, ein echter Musikkenner ist. Das sind Amateure, die bisweilen den Fachmann beschämen. Er versteht von französischer Oper und Operette, namentlich von Jacques Offenbach, viel mehr, als ich jemals verstehen werde. Wenn ich mich in diesem Bereich fachlich betätigen muss, frage ich erst einmal Leo um Rat. Er kennt die deutschen Textfassungen zahlreicher fremdsprachiger Opern in- und auswendig. »Rigoletto« etwa sprudelt er mit beachtlicher Zungenfertigkeit heraus: »Endlich beenden will ich das Abenteuer mit dieser spröden unbekannten Schönen …«

Er ist regelmäßiger Hörer des »Pasticcio«, der Morgensendung auf Ö1, die ich hin und wieder gestalten darf. Mit feiner Klinge verteilt er im Anschluss an meine Sendungen Lob und

Tadel in Form von E-Mails, die stets das Betreff »Aus Hörer-kreisen …« tragen. Sein Lob wirkt nicht anbiedernd, sein Tadel stets verkraftbar, gewissermaßen ermutigend, beide erscheinen in durch Humor relativierter Form. Ich zitiere aus Leos Post-Pasticcio-Mails:

> »Deine Chancen, in Bayreuth bei den Schwestern etwas zu werden, sind erheblich gesunken: Als Du im Zusammen-hang mit ›Siegfried‹ von einem ›dritten Akt‹ gesprochen hast, ging ein Raunen um den Grünen Hügel und jeder ›dritte Aufzug‹ ist dort buchstäblich stecken geblieben. Aber tröste Dich: Auch Slezak hat vergeblich geglaubt, mit der Bajazzo-Arie bei Cosima reüssieren zu können. Und so bleibst Du uns wenigstens in Wien erhalten.«

Oder:

> »Aber schon die Programmankündigung auf Ö1 kurz vor acht Uhr war sehr elegant: ›Christoph Wagner-Trenkwitz ist bereits im Studio eingetroffen …‹ – das ist nur zu verglei-chen mit dem Lauffeuer, das sich vor dem ersten Auftritt der Witwe unter den Frackträgern verbreitet (hier in der italie-nischen Fassung: ›È arrivata la Signora Glawari‹ – mit un-zähligen Wiederholungen).

Wir wissen alle, wie schlampert (lieber Lektor, bitte korrigieren Sie mir dieses schöne Wort nicht ins richtigdeutsche »schlam-pig«!) Mails abgefasst werden. Man bedient sich eines lieblosen Autogrammstils, verzichtet auf korrekte Groß- und Kleinschrei-bung. Nicht so Leo. Er verliert nie die Form – übrigens auch nicht, was den eigenen Körper betrifft.

Ein löblicher Exkurs

Die Körpergröße ist ihm gegeben, den Körperbau hat er sich aktiv geschaffen und erhalten, und zwar schon in früher Jugend, wie ich herausgefunden habe: Kaum bekannt FLPs Tätigkeit als Kapitän beim FC Radames, unmittelbarer Ausfluss seiner Tätigkeit als Nobelstatist – hier spielte er in einer Liga mit seinen Größenkollegen Georg Springer oder Peter Weber.

In Mörbisch etwa wirkte er an führender Stelle an Paul Abrahams »Blume von Hawaii« mit: Sein Auftritt erfolgte auf den Stich-Ruf »Die Amerikaner kommen!« – als schneidiger Ami mit Über-Gardemaß führte er daraufhin eine Kompanie auf die Seebühne.

Und keiner hat in der alten »Turandot«-Inszenierung als Henker das Beil so publikumswirksam – insbesondere damenwirksam – geschliffen wie er.

Es hält sich ja die Meinung, dass Leos intensive Bühnenerfahrung auch seinen späteren Berufsweg mitbestimmt hat; etwa sein Verhandlungsgeschick oder seine Vortragsgabe, die er im Wifi oder in Krems unter Beweis stellte.

Über seine Tätigkeit als Geschäftsführer der Literar-Mechana seit 1975 – also seit 33 Jahren – muss ich mich nicht verbreitern. Es genügt, wenn ich einen Satz von Peter Rosei zitiere: »Die Verwertungsgesellschaft, das unbekannte Wesen – man weiß nur, man kriegt hin und wieder a Geld und der Popp steckt dahinter.«

Vielleicht sind hier im Saal einige der 11 000 Bezugsberechtigten, zu denen ich mich auch stolz zähle. Ob ich im TV den Haarschmuck der weiblichen Opernball-Gäste kommentiere oder – selten genug – ein Büchlein verfasse, ja sogar, wenn Ing. Edi Finger »Tor ...« schreit – immer achtet Leo darauf, dass dies nicht unentgolten bleibt. (Wenn unsere Mannschaft bei der verflossenen EURO nur so viele Tore geschossen hätte, wie Edi Finger se-

– 211 –

nior weiland das Wort ausgestoßen hat ... aber daran kann FLP auch nichts ändern.)

Leo hat mir übrigens eine Karriereperspektive für meine Pension geraubt. Ich wollte als Autor von erotischen Groschenromanen mein Berufsleben zu einem krönenden Abschluss bringen. Doch er wies mich darauf hin, dass Schöpfer von dem, was man bei uns liebevoll »Romanheftln« nennt, nicht zu den Begünstigten der Literar-Mechana zählen; weil diese Werke nicht in Bibliotheken entlehnt werden können und das Kopieren teurer wäre als das Heftl.

Da fällt mir ein, dass meine Liebste vor einigen Wochen erstmals Herrn Lang Lang im TV gesehen hat. Sie sieht sonst nicht fern, und dieser Eindruck hat sie auch nicht vom Flimmermedium überzeugt. Das telegen leidende Gesicht Lang Langs, immer artig in die Kamera gereckt, bewog sie, selbst eine Musikerin, zu dem wütenden Ausruf: »*Das ist ja wie ein Groschenroman!*« *Aber zurück zum gar nicht schau-meisternden Franz-Leo Popp.*

Mittlerweile ist FLP Pseudo-Pensionist – also in etwa das Gegenstück zur Mehrzahl der österreichischen Werktätigen, die aktive Bezüge genießen und so effizient arbeitet, als wären sie schon im Ruhestand.

Meine unermüdlichen FLP-Studien – zuletzt habe ich mich mit Giacomo Puccini so intensiv beschäftigt, und der ist immerhin schon 150 – haben ergeben, dass sein Ur-Ur-Großvater niemand anderer als Heinrich Griensteidl war, der Gründer des gleichnamigen Literaturcafés. Als Jeannie Ebner dies in Erfahrung brachte, meinte sie: »Ich hab' immer schon gewusst, dass Sie irgendwas mit Literatur zu tun haben müssen.«

Ein löblicher Exkurs

Als »Café Größenwahn« wurde es bezeichnet, nach dem Abriss des Gebäudes am Michaelerplatz setzte ihm Karl Kraus in »Die demolierte Literatur« ein Denkmal. FLP hat mit der Literatur das Gegenteil von Demolieren gemacht, und in einer Art, die das Gegenteil von Größenwahn darstellt – und das Gegenteil ist nicht etwa Kleinheitswahn, sondern echte Größe.

Noch bevor ich das mit dem Ahnen Griensteidl wusste, habe ich mir gedacht: Wenn die österreichische Literatur ein Kaffeehaus wäre – was sie leider schon lange, nämlich seit genau 70 Jahren, nicht mehr ist –, dann würde ich mir Mag. Franz-Leo Popp gerne als dessen Oberkellner vorstellen. Jetzt wird manch ein Anwesender, vielleicht sogar der hier Belobte, »Oho!« rufen; ein nobler, kultivierter und gebildeter Mann wie Leo – ein Oberkellner? Aber: Wenn die österreichische Literatur ein Kaffeehaus wäre, dann müsste sie einen noblen, kultivierten und gebildeten Mann wie ihn zum Oberkellner haben. Einen Herrn, der seine Kunden und ihre Wünsche in- und auswendig kennt, der Verständnis und Geduld aufbringt, der großzügig und genau ist, der im rechten Moment Freiraum gibt, ohne den Blick auf die Kassa zu vergessen.

Die Abteilung für die Unheilbaren

Was sonst noch so am Theater vorfällt

Im Sängerkapitel hatte ich versprochen, noch einige weitere Vorfälle des Japan-Gastspiels der Staatsoper anno 1994 zu berichten. Hier ist der Platz dafür – so wie für alles, was mir noch einfällt, aber nirgendwo sonst recht passen will.

Sprach- und andere Schwierigkeiten

Den ersten »Figaro« in der Bunka Kaikan Hall (so heißt die Tokyoter Mehrzweckhalle wirklich, und ist einem Bunker auch nicht unähnlich) erlebte ich neben der Bühne. Aus der sogenannten »Gasse« vernahm ich im zweiten Akt an ungewohnter Stelle plötzlich eine enorme Lachsalve aus dem Publikum. Meine Sicht auf die Bühne war eingeschränkt, also konnte ich nicht feststellen, ob einer der Akteure etwa Hose oder Perücke verloren hatte. Niemand konnte mir sagen, was denn Heiterkeitstreibendes vorgefallen war.

Die nächste Vorstellung verfolgte ich von einem Balkonsitz aus und kann drei bemerkenswerte Details berichten. Zunächst erschien mein Freund Lucio Gallo, der den Figaro sang, erst in allerletzter Sekunde: Er, der schon ab Heben des Vorhanges anwesend sein sollte, um das neue Schlafzimmer auszumessen, reckte seinen Kopf erst mit dem eröffnenden »Cinque!« (»Fünf!«) durch die Türe. Grund für die peinliche Verspätung: Er hatte sich in der Garderobe lautstark mit seinem Landsmann

Tokyoter Gastspielfreuden: Nach getanem Shopping bei einem Nobelschneider gönnen sich Georg Springer und Traude Klöckl eine Erfrischung in einem Café, das – zum Tournee-Programm passend – »Figaro« heißt.

Ruggero Raimondi unterhalten und die Zeichen überhört ...
(Ähnliches passierte Bryn Terfel in einer Wiener »Figaro«-Aufführung, später im Stück. Er wählte den unorthodoxen Auftritt durch das Bett der Gräfin, das er geisterhaft durch eine – imaginäre – Wand beschritt.)

Das zweite bemerkenswerte Detail: Ich löste das Rätsel um die Lachsalve, die im zweiten Akt wieder ertönte. Sie erhob sich nach Figaros Worten »Menta il ceffo io pur non mento« (»Mag auch mein Gesicht lügen, ich lüge nicht«). Ob die japanischen Übertitel eine so drollige Übersetzung boten, oder ob der Gedanke (dass das Gesicht lügt, man selbst aber nicht) für Japaner an sich urkomisch wirkte – jedenfalls brach ein Hurra aus, das

– 215 –

ich in europäischen Aufführungen an dieser Stelle nie erlebt habe.

Und das dritte bemerkenswerte Detail: Ich saß neben einem ziemlich kleinen Japaner, der sich im ersten Teil überraschend breit machte. Ich als Großer musste meine Füße unter dem Sitz verschränken, während die weit weniger langen Beine meines Nachbarn mit fröhlichem Wippen meine Bewegungsfreiheit konsumierten. Als ich zu Pausenende wieder auf meinen Platz zurückkehrte, sagte ich mürrisch vor mich hin:»Werma schaun, ob der kleine Mann mir wieder in die Quere kommt.« Mein japanischer Nachbar erwiderte in vollendetem, wienerisch eingefärbtem Deutsch:»Haben Sie zu wenig Platz gehabt? O, das tut mir aber leid, ich setz' mich anders hin.« Da soll noch einer sagen, dass Musik nicht die Völker verbindet!

Küchenschaben und wir

Das Gastspielbüro war im Erdgeschoss des monumentalen New Takanawa Prince Hotel einquartiert. Man genoss den erquickenden Blick in einen Garten (Grünflächen sind Mangelware in der japanischen Hauptstadt), wurde aber auch regelmäßig von dessen Bewohnern heimgesucht. Dessen Bewohner aber waren Küchenschaben, so groß wie japanische Handteller (also auch wieder nicht sooo groß). Sofort nach der ersten Visite dieser Art, die unsere Belegschaft je nach Temperament auf die Tische oder aus dem Raum beförderte, beschloss ich, bei der Rezeption Abhilfe zu erbitten. Ob es so etwas wie Küchenschabenfallen gäbe? Selbstverständlich könne man sich gegen »Gokiburi« (so der lokale Kosename für die putzigen Tierchen) wehren. Ich erhielt zwei flache Papp-Häuschen mit offenen Seiten. In den Häuschen befand sich klebrige, für Küchenschaben höchst attraktive Melasse. Die taten ihre Wirkung (wie's da drin aussah, möchte ich lieber nicht berichten). Und ich hatte ein neues Vokabel gelernt, mit dem auch Sie jede Japanerin todsicher zum Kichern bringen können (ich habe es mehrmals erfolgreich im Hotellift ausprobiert): Küchenschabenfalle heißt auf Japanisch, wohl wegen der Tatsache, dass die putzigen Tierchen mit enormen Tempo in die Häuschen rasen, »Gokiburi hoj-hoj«.

Wer keine Coupons nimmt

Eines der bemerkenswertesten Gastspiel-Phänomene sind die Essensbons, im englischen, äh, französischen Fachjargon »coupons« genannt. Man hat sie oder man will sie, man kann mit ihnen in den hoteleigenen Restaurants und Shops alles Nötige erwerben, den meist appetitlosen Balletttänzerinnen luchst sie ein braver Esser wie ich kunstvoll ab.

Apropos französisch: Eines Abends wartete ich bei den öffentlichen Fernsprechern (ein Mobiltelefon war damals noch nicht in meinem Besitz) in der Hotellobby hinter einer attraktiven jungen Dame, die sich besonders ungeschickt anstellte. Um endlich dranzukommen, half ich ihr, den Hörer abzunehmen, eine Münze in den Schlitz zu führen ... Plötzlich raunte sie mir zu: »Do you need company?« Nun gut, das war keine Passantin, sondern eine Professionelle, die wissen wollte, ob ich mich in ihrer Gesellschaft besser fühlen würde ... Ich antwortete spontan: »Do you take coupons?«, und damit war dieses Liebesabenteuer auch schon wieder beendet.

Unser Tourneeleiter Thomas Novohradsky wurde eines Abends mit derselben Frage konfrontiert. Auch er erwies sich als hilfsbereit beim Fernsprecher, und eine junge Dame hauchte zärtlich: »Do you need company?« Thomas richtete sich, im Vollbesitz seiner Verantwortung, zur imposanten Größe von fast zwei Metern auf und antwortete staatstragend: »I *am* the company.«

Tokyo – mal unfreundlich, mal nett

Thomas Novohradsky ist es übrigens passiert, dass er in Begleitung eines – ebenfalls hünenhaften – russischen Sängers spätabends ein Esslokal im Stadtzentrum von Tokyo betreten wollte. Ein etwa halb so großer Empfangschef wieselte auf die beiden zu und versperrte ihnen den Weg mit dem nicht ganz nachvollziehbaren Hinweis: »We don't serve negroes here« (»Wir bedienen hier keine Neger«). Die beiden Herren, deren letzter afrikanischer Vorfahre wohl in der Kreidezeit verstorben war, hatten Tokyo von seiner unfreundlichen Seite kennengelernt.

Auch mir blieb diese Erfahrung nicht erspart. Nach einer endlosen U-Bahn-Fahrt, eingepfercht zwischen kleinen japanischen Herrschaften, die mir keinen netten Blick schenkten (eigentlich überhaupt keinen Blick ... wie kann man sich doch in der Masse allein fühlen!), stieg ich bei einer Station aus, die ich für die richtige hielt. Sie war es nicht. Da ich in Tokyo als Analphabet zu gelten habe, konnte ich mich auch nicht orientieren. Mein Blick prallte an den fremden Schriftzeichen glatt ab. Ich versuchte, mehrere Vorbeirasende um Rat zu fragen; doch sei es aus Sprachunkenntnis, Abscheu vor meinem europäischen Aussehen oder unstörbarer Eile – keiner wollte mir den Weg weisen. Auf eigene Faust kämpfte ich mich aus der Station heraus und nahm ein Taxi an meinen Bestimmungsort. Taxis bringen in Tokyo nicht unbedingt eine Zeitersparnis; ich aber war es zufrieden, sitzen zu können, und lauschte dem Radio, das Schuberts »Lindenbaum« spielte. Voller Freude über den Gruß aus der Heimat sang ich halblaut mit. Da bekam der bis dahin ausdruckslos vor sich hin

stierende Chauffeur glasige Augen und forderte mich durch auf-
munterndes Nicken zum Weitersingen auf. Er schaltete das
Radio aus und lauschte für die restliche Fahrzeit mit Tränen der
Ergriffenheit meinem sicher nicht sehr hochwertig vorgetrage-
nen Schubert-Repertoire a cappella. Am Ziel angekommen,
schüttelte er, gerührt nickend, meine Hand, aus der er keinen
Yen annehmen wollte ... Das war das erste und einzige Mal, dass
ich mit meinem Gesang eine Rechnung beglichen habe!

Eine treue Dame

Kehren wir aus Tokyo zurück nach Wien. Insbesondere das hie-
sige Opernpublikum ist dafür bekannt, seinen Lieblingen Treue
bis übers Grab hinaus zu halten. Einen anschaulichen Beweis
dafür liefert folgende wahre Begebenheit.

Im November 1986 verstarb Kammersänger Rudolf Schock.
Die »Freunde der Wiener Staatsoper« hatten zu diesem Zeitpunkt ein Künstlergespräch mit Autogrammstunde annonciert,
versahen die Plakate aber sofort mit dem Hinweis: »Künstlergespräch wegen Ablebens von KS Rudolf Schock abgesagt«. Alsbald
rief eine Dame im Vereinsbüro an und wollte wissen: »Ist die
Autogrammstunde auch abgesagt?«

Eine unvergessliche Dame

Robert Meyer erzählt gerne folgende Geschichte, die ihre volle
Wirkungskraft nur in bayrischem Dialektvortrag entfaltet. Die
legendäre Sopranistin Erna Sack war auch an der Münchner
Staatsoper ein großer Liebling. Nach Beginn einer Vorstellung
drängt sich dort eines Abend ein Spätankömmling durch die
Reihe auf seinen Sitzplatz, den Blick gebannt auf die Bühne ge-

– 219 –

richtet. Im Niedersetzen fragt der Störenfried: »Ist das Erna Sack?« Der Mann, auf den er sich abstützt, antwortet unwirsch: »Naa, des is mei Knie!«

Der Wiedergabe wert ist auch der Wikipedia-Eintrag für diese Künstlerin: »Erna Dorothea Luise Sack, geborene *Weber* (* 6. Februar 1898 in Spandau; † 2. März 1972 in Mainz) war eine deutsche Kammersängerin und extreme Sopranstimme.« Es ist schon ehrend, als »extreme Sopranstimme« in die Geschichte einzugehen, wenn auch nicht spezifiziert ist, ob dieser Stimm-Mensch extrem schön oder unangenehm war. Der Eintrag endet übrigens mit dem Hinweis auf eine in Patisserie gegossene Extremität: »Die Konditorei Café Schreyer in der schwäbischen Stadt Schorndorf stellt seit Jahrzehnten eine ›Erna-Sack-Torte‹ her. Der Großvater des Inhabers der Konditorei war ein großer Anhänger der Sängerin und benannte seine Kreation nach Erna Sack. ›Erna-Sack‹ ist ein eingetragenes Markenzeichen dieses Cafés.« Auf nach Schorndorf und wohl bekomm's!

Eine aufgeregte Dame

Man soll immer versuchen, sein Publikum zufriedenzustellen. Bisweilen ist das allerdings schier unmöglich, wie folgende Zeilen beweisen. Orthographie und Interpunktion des Originals wurden beibehalten, nur die Namen der handelnden Amtspersonen habe ich abgekürzt. Am 18. März 2004 erstattete der Oberlöschmeister der Volksopern-Feuerwehr nachfolgende *Meldung:*

> Hr. B. (Portier) verständigte mich über Funk, eine aufgeregte Dame sei bei ihm. (Zeit 18.40 Uhr) Die Dame schrie, Giorgio Madia (Ballettchef) sei ein Mitglied von Osama Bin Laden und sie sei die versteckte Überbringerin usw …

Ich holte den Diensthabenden Polizisten Mag. W. Auch er musste sich vieles anhören, unter anderem viel [sic!] die Drohung, unter den Musiktheatern befände sich eine Uranaufbereitungsanlage, die sie auf Knopfdruck (per Handy) zünden kann. Hr. Mag. W. schrieb sich die Daten der Dame auf: Alter ca. 55 Jahre, schmächtig, Brillenträgerin, Größe ca. 160 cm.

Der technische Direktor der Volksoper, der mit trockenem Humor gesegnete Friedemann Klappert, hatte noch die handschriftliche Notiz dazu gesetzt: »Sollen wir etwas unternehmen? F. K.«. Es wurde nichts unternommen. Die Uranaufbereitungsanlage schlummert immer noch ungezündet unter unseren Musiktheatern.

Allgemeines Hörvermögen

Am 23. Oktober 2008 erreichte die Regiekanzlei der Volksoper folgendes Mail von einem Herrn, der ungenannt bleiben soll:

»Bitte können Sie, diese E-Mail dem Besetzungsleiter (Casting Director), Dank sehr viel für Ihre freundliche Rücksicht nachschicken.
Ich verstehe, dass Volksoper das neue Steigen eine Produktion von Der Freischütz und Ariadne Auf Naxos im nächsten Jahr und sicher, bereits wahrscheinlich ist, dass alle Würfe im Platz sind. Ich setze mich Ihnen gerade aufs Geratewohl in Verbindung, dass Sie noch nach einem Max und Bacchus oder einem Deckel für Max und Bacchus suchen könnten, ist das eine Rolle, die ich sehr gut singe und die Gelegenheit begrüßen würde, zu kommen und für Sie zu diesem Ende zu singen.

Weil das bereits geworfen worden sein könnte, bin ich überzeugt, ich würde die Gelegenheit begrüßen, zu kommen und für Sie an Ihren Allgemeinen Hörvermögen für die Jahreszeit im nächsten Jahr zu singen. Bitte können Sie, mich in Ihren folgenden Satz von Hörvermögen einschließen. Ich habe eine Lebensbeschreibung, Fotographie eingeschlossen und bemerken Sie bitte die ganze Information von Rollen, Kritiken können usw. auf meiner persönlichen Website [...] werden ich bin glücklich, zu Wien zu kommen, um für Sie wenn es ihnen passt zu singen. Sincerely, ...«

Diesem arbeitswilligen amerikanischen Tenor hat das Übersetzungsprogramm einige schlimme Streiche gespielt. Aber wer soll ahnen, dass »Cast« nicht nur Besetzung, sondern auch Wurf bedeuten kann; dass ein Deckel aus dem Cover, ein Allgemeines Hörvermögen aus der »General Audition« (Vorsingen) und eine Jahreszeit aus der season (Spielzeit) wird? Dazu passt die pseudodeutsche Website eines New Yorker Hotels, die angab, es sei »nahe Zeitquadrat« gelegen – im englischen Original lautete dies: »near Time Square« ...

»Startenor«

Mit den Früchten eines nicht-denkenden Übersetzungsprogramms wird auch diese Geschichte enden; sie begann mit einem Telefonat.

Im Mai 2009 erreichte mich der Anruf von Frau S., Mitarbeiterin einer Public Relations Gesellschaft (deren Namen ich nicht einmal abgekürzt wiedergeben möchte). Ein hierzulande völlig unbekannter russischer Startenor, ein Herr D., würde Anfang

Was sonst noch so am Theater vorfällt

Juni Konzerte in Salzburg und Wien geben, auf die ich unbedingt im Radio hinweisen und die ich selbstverständlich auch besuchen solle. In der festen Überzeugung, dass »Startenor« kein Beruf ist und mit einer gesunden Portion allgemeinen Misstrauens-Vermögens gesegnet, meinte ich (beides wahrheitsgemäß), dass die mir anvertraute Sendung »Pasticcio« keine Ankündigungssendung sei und dass ich just am Tag des Wiener Konzertes einen Abenddienst an der Volksoper versehen müsse. Aber man möge mir eine CD des Herrn schicken, ich würde mir dann schon eine Meinung bilden.

Dies geschah. Als ich die erste Nummer des Tonträgers anhörte, fasste mich Entsetzen. Ich tippte, noch während Lenskis Arie aus »Eugen Onegin« durch den vermeintlichen »Star« akustisch geschändet wurde, ein E-Mail folgenden Inhalts:

Sehr geehrte Frau S.,

ich habe die CD erhalten und darf Sie nun mit meiner unmaßgeblichen Meinung behelligen:
Ich habe das Gefühl, einem Faschingsscherz aufgesessen zu sein. Das ist eine unattraktive, alte, nasale, kleine, wackelnde Stimme. Ihren Besitzer sollten Sie überhaupt nicht, aber zumindest nicht als »Startenor« promoten.
Also bitte: In Zukunft nichts mehr davon, ich werde sicher nichts von Herrn D. im Radio spielen oder auf das Konzert hinweisen. Wenn Sie die CD zurück möchten, jederzeit; ich werde diese nicht mehr hören und beizeiten wegwerfen.

Mit besten Grüßen
Ihr …

Umgehend erhielt ich ein Mail, in dem sich Frau S. für meine »Offenheit« bedankte. Ich dachte, durch meine an Ehrenbeleidigung grenzende Deutlichkeit sei der Fall erledigt.

Etwa eine Woche später jedoch erhielt ich einen Briefumschlag aus feinem Bütten, auf den von Hand mein Name geworfen war. Er enthielt eine Karte für das erwähnte Konzert (»Eine musikalische Reise durch Russland«), dazu eine goldgedruckte Einladung für das nämliche Konzert, mit dem kryptischen Schlusssatz: »Die personale Einladung muss man für den Eingang behalten.« Damit nicht genug, wurde ich mittels eines gesonderten Golddruck-Kärtchens zu einem »Abendbrot« eingeladen, »wo Sie viele Überraschungen geniessen«. Ich habe mich dem Genuss dieser Überraschungen nicht ausgesetzt, da ich berechtigte Zweifel an ihrer Annehmlichkeit hegte.

Die CD habe ich übrigens, entgegen meiner schriftlichen Ankündigung, nicht weggeworfen, sondern spiele sie bisweilen ausgewählten Klassik-Liebhabern mit besonders starken Nerven vor.

Kabalen ...

Mein ältester Freund ist auch mein Anwalt. Das war er nicht immer. Davor war er als Kindergarten-, Volksschul-, Gymnasiumskollege sowie als »Kamerad« beim Bundesheer tätig. Die verschiedenen Studien (er Jurisprudenz, ich alles mögliche Unsinnige) und Eheschließungen trennten uns nur für kurze Phasen. Corvin Hummer ist sein Name, und wir besuchten und besuchen fallweise auch Kulturveranstaltungen gemeinsam. In den Jahren des Schulbankdrückens haben wir eine Gabe perfektioniert, die uns auch auf dem Weg ins Greisenalter nicht verlassen will: jene des gemeinsamen Lachkrampfs. Wohl jeder weiß um die mini-

Was sonst noch so am Theater vorfällt

malen Auslöser und die kaum unterdrückbaren Konsequenzen solcher schulischer Heiterkeitsanfälle.

Innerhalb weniger Wochen besuchten Corvin und ich einstens die Oper »Luisa Miller« und deren literarische Vorlage, »Kabale und Liebe«. Auf dem Staatsopernstehplatz hielten wir uns fast bis zum Ende vorbildlich. Erst als der gewichtige Luciano Pavarotti seine schon unter dem Einfluss der Gift-Limo wankende Kollegin fragte, was es denn mit ihrer Liebesbeziehung zu dem Intriganten Wurm auf sich hätte und dafür unvorsichtigerweise die Worte wählte: »Amasti Wurm?« ... da brannten die Sicherungen der beiden Ex-Schüler durch. Wir bargen die Gesichter in unseren Händen, um sie erst zum Schlussapplaus wieder hervorzuholen.

Dann Schillers Tragödie im Wiener Volkstheater, auch hier überwog zunächst erwachsene Tapferkeit. Den alten Miller verkörperte niemand anderer als der Publikumsliebling Karl Merkatz. Es kam zu der Szene, in der er seiner Tochter wortreich Vorhaltungen bezüglich ihrer verlorenen Ehre etc. macht. Da zischte Corvin in eine Kunstpause hinein: »Mei Bier is' net teppert ...« Vorbei. Wir konnten den restlichen Verlauf des Theaterstückes nur mehr als eine Folge von »Ein echter Wiener geht nicht unter«, den Vater Miller nur mehr als Papa Mundl wahrnehmen ... und haben hoffentlich nicht allzu viele Umsitzende um einen erhebenden Kunstgenuss gebracht.

... und üben

Mir fällt jetzt die Textzeile »Kabale und ka Liebe« aus »Wiener Blut« ein. Aber von Operette wollte ich gar nicht berichten, sondern vom Konzertleben: Übung macht bekanntlich den Meister (»Wie komme ich in den Musikverein?« Antwort: »Üben, üben, üben!«). Aber was, wenn man schon ein Meister ist?

Als der legendäre Vladimir Horowitz Anfang der 1980er Jahre in den Wiener Musikverein zurückkehrte, wurde er von einem Journalisten gefragt: »Wie viele Stunden üben Sie pro Tag?« Der greise Pianist antwortete freundlich: »Ich habe jetzt schon ein paar Tage nicht geübt. Aber was wollen Sie? Ich spiele seit fünfundsiebzig Jahren!«

Ich verletze religiöse Gefühle – doch nicht

Die vorige Anekdote bezog sich auf den Konzertbereich; die nächstfolgende ist eigentlich eine religiöse Kriminalgeschichte (könnte also von Dan Brown stammen) und der Welt des Radios zugehörig. Aber in einer Welt mit »zu vielen Lautsprechern und zu wenig Kopfhörern« (das wieder stammt von Fritz Grünbaum) sei dieser kleine Fremdgang erlaubt.

In einer schon etwas zurückliegenden »Pasticcio«-Sendung lehnte ich mich bei der Anmoderation von Schuberts »Deutscher Messe« an den Booklet-Text an und vermeldete: »Im Sprachgebrauch alteingesessener Kirchenmusiker heißt sie ›Kompass-Messe‹, da sie mit den Worten beginnt: ›Wohin soll ich mich wenden‹. Im Unterschied zu Michael Haydns Messwerk, das mit dem Vers ›Hier liegt vor deiner Majestät im Staub die Christenschar‹ anhebt und darum ›Staubsauger-Messe‹ genannt wird. Also Ehre sei Gott in der Höhe mit einigen kleinen Widerhaken.«

Die unschuldigen (und nicht von mir erfundenen) kleinen Scherze lösten eine erstaunliche Reaktion aus. Ein Hörer, Dr. Josef P., empfand die Spitznamen als »Verhöhnung dieser Kirchenlieder«, zeigte sich in seinen religiösen Gefühlen verletzt und legte beim Bundeskommunikationssenat Beschwerde gegen den ORF ein. In seiner Stellungnahme wollte der ORF nicht verstehen, »weshalb die von Dritten verwendete, in Fachkreisen (Kirchenmusiker) übliche Bezeichnung zweier Messen einen immateriellen Schaden beim Beschwerdeführer verursacht haben sollte«. Im Übrigen könne keinesfalls verlangt werden, »dass das gesamte Sendungsspektrum des ORF derart gestaltet werden muss, dass es mit den (religiösen) Gefühlen des Beschwerdeführers korrespondiert«.

Und weiter hieß es in der Stellungnahme des ORF: »Dass Ironie und Satire keineswegs mit Respektlosigkeit gleichzusetzen sind, zeigt sich auch daran, dass im Jargon von Kirchenmusikern, die sicherlich nicht durch die Bank als ›unsensibel‹ oder gar ›ungläubig‹ bezeichnet werden können, derartige Bezeichnungen durchaus gebräuchlich sind.« Und es wurde den beiden beklagten noch ein interner Spitzname hinzugefügt, der mir nicht geläufig war, aber seitdem meine kirchenmusikalische Bildung bereichert hat: »So wird die Bach-Kantate ›Mein Herz schwimmt in Blut‹ BWV 199 von vielen durchaus seriösen Kirchenmusikern als ›Kardiologen-Kantate‹ bezeichnet.«

Der Bundeskommunikationssenat entschied zugunsten des ORF, meine Ehre als Nicht-Ketzer wurde glücklicherweise wiederhergestellt: »Selbstverständlich [...] ging es dem Moderator Christoph Wagner-Trenkwitz in keiner Weise darum, religiöse Gefühle zu verletzen.«

Rot sehen

Verweilen wir noch einen Moment im Radio. Im ersten Stock des Funkhauses befindet sich das Live-Studio, aus dem das »Pasticcio« gesendet wird. Dort amtiert eine resolute balkanische Reinigungsfrau, die stets beherzt die Geschirrwagen über den Gang jagt, auf denen zahllose Gläser und Teller ein ohrenbetäubendes

Klapperkonzert vollführen. Irgendwann wurde sie aufgeklärt, dass der penetrante Lärm auch dicke Studiotüren durchdringt und dass bei Rotlicht der Geschirrwagen stillzustehen habe.

Einmal begegnete sie mir auf dem schmalen Gang, der Wagen vor ihr, plötzlich blieb sie ruckartig stehen. Ich winkte sie freundlich vorbei, doch sie wies mit dem Kinn auf das soeben aufgeflammte Rotlicht an der Außentüre des Studios und flüsterte die Worte, die ich für einen Grundsatz der Radiokunst überhaupt halte: »Nur ohne Rote geht'a.«

Im CD-Geschäft

Eine Bekannte, die einige Zeit im CD-Verkauf gejobbt hat, spendete für meine Anekdoten-Sammlung zwei ausgefallene Kundenwünsche: Eine junge Dame wollte partout »Travolta von Anastacia« erwerben. Es bedurfte einer detektivischen Befragung, um herauszufinden, dass ihr der Sinn nach »La traviata« mit Anna Netrebko stand. Vergleichsweise einfach entschlüsseln ließ sich das Begehren eines Herrn, die Oper »Simon packt an Neger« zu erstehen. Natürlich handelte es sich um »Simon Boccanegra« ...

»Reizvolle Unmöglichkeit«

Zurück ins Theater, genau genommen zum Musical. Mit dem ehemaligen Volksoperndirektor Rudolf Berger besprach ich einmal, ob der großartige, der Bühne allerdings fast ganz abhanden gekommene André Heller nicht ein wunderbarer Tevje in »Anatevka« wäre. Ohne allzu große Hoffnung auf Erfolg trug der Direktor dem Multitalent unsere Idee vor. Erwartungsgemäß lehnte er ab, nicht ohne das Versprechen abzugeben, diesen

Mir gefällt an diesem Bild aus meiner Theaterjugendzeit, dass man eigentlich niemanden erkennt. Es handelt sich hingegen um: mich (mit Bartversuch und Pflänzchen), Viktor Gernot (der damals Gernot Jedlitschka hieß), Michael Niavarani mit geschmackvoller Haartracht sowie den vollkommen unkenntlichen Nicolaus Hagg, der damals einen 90-jährigen spielte und unlängst »Die Strudlhofstiege« für Reichenau bearbeitet hat.

Vorschlag »unter dem Stichwort ›reizvolle Unmöglichkeiten‹ in meiner Autobiographie zu erwähnen«.

Ich bin felsenfest davon überzeugt, dass nur einer den Tevje noch besser gestalten könnte als André Heller, und zwar Ioan Holender. Vielleicht kann ihn die Volksoper nach seiner Pensionierung gewinnen ...

»Rentnerin mit Garten«

Apropos Ruhestand: Man möchte nicht glauben, was ein Chor so alles singt, wenn der Opernabend lang ist. Zumeist merken die Zuhörer gar nicht, wenn die geformten Worte nichts mit dem notierten Text zu tun haben. Die Textneubildungen bewegen sich dabei manchmal jenseits der Grenze zur Jugendfreiheit, wie ein paar Beispiele belegen mögen.

Am Beginn von Giuseppe Verdis »Otello« singt der Chor ein verhaltenes »Una vela« – man hat das Segel von Otellos Schiff im Sturm gesichtet. Die Chorherren wählen nicht selten das erdigere »Dunnerwetter« oder, noch geheimnisvoller, »'s kummt a Wetter« (wobei »Wetter« jeweils auf wienerisch, also »Weda«, auszusprechen ist). Ebenfalls in »Otello« begrüßt das Volk die »traurige Braut« Desdemona: »Ah, triste sposa!« Es kann aber auch passieren, dass an der Wiener Staatsoper »A Kist'n Soda« intoniert wird.

In Verdis »Luisa Miller« verkündet der Chor in altertümlicher Sprache, dass die Glocken läuten: »I bronzi squillano!« Ein fide-

Was dem Herrenchor so alles einfällt ... Hier lauter verschiedene Gesichter in der Dienerszene von »Capriccio«

ler Tenor erfand dafür das inhaltlich keineswegs korrespondierende »I brunz' ins Zillertal!«

Für rasches Parlando im Vierertakt empfiehlt sich, unabhängig vom Original, die Zeile »Leckt's die schwarze Katz' am Arsch«, während ein findiger Geist für eine Phrase in Mozarts »Clemenza di Tito« den neuen Text »Da scheißt doch so ein Schwein in das Bergwerk hinein« ersonnen hat – und das knapp, bevor Rom in Flammen aufgeht!

Eines der schönsten Chorfinali findet sich in Beethovens »Fidelio«, wo Leonore als »Retterin des Gatten« gefeiert wird; allerdings lautet die Prognose des Chores bisweilen auch, dass sie einstmals »Rentnerin mit Garten sein« werde. Und damit genug der choristischen Frechheiten – Sie sollen ja auch Ihren nächsten Opernabend noch genießen können!

» Tutti Damen «

Im Jahre 2005 gastierte die Volksoper bei dem traditionsreichen Festspiel »Settembre Musica« in Turin. Wir zeigten eine halbkonzertante »Lustige Witwe«, ich hatte die Dialoge eingekürzt und einem Erzähler handlungserklärende Zwischentexte anvertraut. Als dieser Erzähler wurde der populäre italienische Schauspieler Elio Pandolfi engagiert, der den Italienern u. a. als Synchronstimme Hans Mosers ans Herz gewachsen war.

Die Turiner Dramaturgie gab auch ein Programmheft heraus, in dem der deutsche und italienische Text der Operette abgedruckt war. Ich konnte bei der letzten Korrekturfahne noch ein Unglück verhüten. Durch eine Panne war im gesamten deutschen Text das Wörtchen »alle« durch das italienische »Tutti« ersetzt worden. Im Auftrittslied des Danilo etwa hieß es plötzlich:

Die Abteilung für die Unheilbaren

»Ich duze Tutti Damen, nenn sie beim Kosenamen ...« oder:
»Und geht's ans Kosen, Küssen/Mit Tuttin diesen Süßen ...«
Der Fehler wurde rechtzeitig behoben.

Unverhoffte Ehre

Im Jahre 2008 wurde mir die Ehre zuteil, für Otto Schenk Couplets (= Strophen) schreiben zu dürfen. Er spielte die Hauptrolle in Johann Nestroys »Unverhofft«.

Beim Wiederlesen der Verslein kam mir wieder einmal zu Bewusstsein, wie rasch die Aktualitäten von Gestern in Vergessenheit geraten. Oder erinnern Sie sich noch an die vollbusige Ministerin Andrea Kdolsky, an ihren beschnurrbarteten Amtskollegen Erwin Buchinger, der sich die Manneszier vor laufender Kamera abtragen ließ? An die Anreise des US-Ex-Vizepräsidenten zu einer Wiener Klimakonferenz?

Hier also die kleine poetische Beiläufigkeits-Übung:

A gewisse Ministerin, die hamma gern,
(Ja, a hungriger Säugling möcht' wahnsinnig wer'n)*
sie füllt jedes Format mit den Waffen der Frau
und stellt auch's Privatleben gerne zur Schau.

Sie hat an Kollegen, sozial meinetwegen,
den sieht man im Fernsehn den Schnurrbart ablegen,
er teilt seine Zeit zwischen Freundin und Gattin,
die eine, die will ihn, die andre, die hat ihn.

---

* Den Klammerausdruck habe ich kaltblütig gestohlen. Er stammt eigentlich von Karl Farkas, und dieser münzte ihn auf das Dekolleté der jungen Zarah Leander, die in »Axel an der Himmelstür« 1936 ihr Wien-Debüt feierte. Mit ihr feierte man das Kostüm der Diva, auf die laut Farkas der Titel des Stückes zurückzuführen war: denn man sah ihr »von der Achsel bis zur Himmelstür«!

Was sonst noch so am Theater vorfällt

Politik macht er zwischendurch, nur wann er muaß -
… 's is a g'schwollner Diskurs …

In unseren Zeiten halt' niemand gern still.
Auch das Klima, es wandelt sich, wie es grad will.
Doch damit's *uns* nicht wandelt, gibt's viel Strategien,
die woll'n uns zur Umkehr und Einkehr erziehn.

Nur nicht zu heiß baden, nicht elektrisch rasieren!
Im lauwarmen Wandel die Umwelt sanieren!
Das lehrt ein Nobelpreisler nobel und nett,
der kurz mal vorbeischaut im eigenen Jet.

Und wann der dann abfliegt, lasst er unter sich (den) Ruaß –
… 's war a g'schwollner Diskurs …

So manche Gefahr unser Leben bedroht:
Die Raucher seh'n schwarz und die Nichtraucher rot.
Ja, und erst das Trinken ist schleichender Mord,
ganz zu schweigen vom Essen, des streich' mer sofort.

Im Wirtshaus gibt's drum bald auch Nicht*esser*-Eckerl,
bei Gemüsesaft träumt man von Schinken und Fleckerl.
Vom Essen und Trinken werd'n Blöde nur blad,
der G'scheite, der schwitzt auf dem Zimmerfahrrad!

Dass er dann umatumhatscht mit'm g'schwollenen Fuaß
(abhatschend, gesprochen:) … des is genau so *(auf den Fuß zei-gend)* a Diskurs!

– 233 –

Fremde Federn, durchgeschüttelt

Richard Wagners Opus lädt zu Persiflagen aller Art ein. Hier einige (in Fachkreisen nicht unbekannte) Schüttelreime, die sich auf den »Ring des Nibelungen« beziehen:

Ich bitte, wohnt hier der singende Drache?
Ich hätte für ihn eine dringende Sache.

Du fragst, was mich an Mime stör'?
Der Mann hat keine Stimme mehr!

Durch des Feuerzaubers beizenden Rauch
erblickt man Brünnhildes reizenden Bauch.

Die vor sich hinbrüllt,
das ist die Brünnhild!

Weber schüttelt weiter

Schon mehrfach habe ich diesem Büchlein fremde Federn aufgesetzt. Das nun folgende Reimwerk entfloss jener des Volksopern-Inspizienten Michael Weber. Er ist ein begnadeter Schüttelreimer (wiewohl der Zwang, in poetischer Absicht Endsilben abzutauschen, eher einen Fluch als eine Gnade darstellt) und hat sich in dieser Funktion die »Meistersinger«-Produktion der Volksoper (1998) zur Brust genommen. Hier das Ergebnis:

DIE MEISTERSINGER VON NÜRNBERG

Eine Oper in 15 Schüttelreimen,
etwas frei nach Richard Wagner

Einst hütet' er im Wald und auf den Auen Schäfchen
Nun kommt nach Nürnberg er – um zu erschauen Evchen

Die Massen singen schwülstige Choräle
Ihm quillt die Minne aus der Tenorkehle

Von nun an gilt sein einzig Sinnen wohl:
Wie er das holde Weib gewinnen soll

Bedingung: dass aus seinem Munde Meistersang erklingt –
Doch für der Meister Ohr mit grässlich falschem Klang er singt

Da nimmt ihn Meister Sachs in seine Singerlehre auf,
weist Walthern ein, damit die Sach' zu seiner Ehre lauf

Der Held denkt: Für dich, Geliebte, sei's gewagt
(das gute Ende ward ihm wohl schon weisgesagt)

Und so ein Preislied er in dumpfer Schusterstube gebiert –
Staunend hat David, der Schusterbube, gestiert*

Der Stadtschreiber findet's und steckt ein es sacht –
Sachs merkt's und verspricht, dass er als sein es acht'

---

* gestiert: österr. für »gestarrt«

Beckmesser singt's mit manchem fiesen Wort –
Da jagt das Volk ihn von der Wiesen fort

Und ist erst mal der Schreiber weit
Stolzing sich mühelos ein Weib erschreit

Am Ende dann ihr Alter weint,
wenn er sein Evchen Walther eint

Befall'n hat Magdalene just
Mit David eben jene Lust

Danach alles zur Tafel eilt
(die bringt man im »Regina«* dar)
Herr Fish** schon die Falafel teilt
(dort gibt's livrierte Diener gar!)

Und schon hört man Hans Sachs lachen:
»Dort gibt es tolle Lachssachen!«

Drauf meint der Sixtus Beckmesser:
»Da schmeckt mir ein Big Mäc besser!«

Verschwörungen

Einander böse Streiche zu spielen, gehört ja nicht unbedingt zum
Repertoire erwachsener Menschen; aber wer sagt, dass Theater-
menschen erwachsen sind? Hier also zwei Beispiele für mitleid-
lose Verschwörungen.

---

* im Hotel Regina fand die Premierenfeier statt
** Asher Fish dirigierte die Premiere

Was sonst noch so am Theater vorfällt

Der neue Volksoperndirektor Robert Meyer brachte als Morgengabe sein erfolgreiches Einmannstück »Tannhäuser in 80 Minuten« von Johann Nestroy an das Haus. Im ersten Spielplanentwurf, der unter anderem Chor und Orchester zugeht, fand sich nur die Kurzbezeichnung »Tannhäuser«. Der aufmerksame Choransager Sascha Nader rief sofort alarmiert in der Regiekanzlei an: Wie solle denn das gehen, die schwere Wagner-Oper ohne entsprechende Chorproben? Der Chefdisponent Diethmar Straßer erwiderte ganz ruhig, man habe bereits den Opernchor von Bratislava engagiert, alles sei in Ordnung. Wieso Bratislava, empörte sich Nader, was denn der Betriebsrat dazu sage? Alles sei besprochen und geplant, beschwichtigte Straßer, und präparierte nach dem Auflegen des Hörers sofort den Betriebsrat Josef Luftensteiner, der das »Tannhäuser«-Spiel noch ein wenig weiter trieb, bis die Produktion endlich zur One-Man-Show Robert Meyers erklärt wurde.

Der sehr ambitionierte und ernsthafte Staatsopernmitarbeiter Michael Fritthum ward mit der Aufgabe betraut, eine Büste des unvergessenen Dirigenten Josef Krips herstellen zu lassen. Fritthum sondierte den Büstenmarkt und erhielt das günstigste Angebot von einem ungarischen Bildhauer. Da dieser außer in der Büstenherstellung nur in seiner Muttersprache firm war, zog Fritthum das Ensemblemitglied István Gáti als Dolmetscher heran. Gáti, ein Bariton und ansonsten sehr humorbegabt, übersetzte treulich den Fax-Wechsel, bis er zum ultimativen Bubenstreich ausholte. Der brave Mag. Fritthum muss den Schock seines Lebens bekommen haben, als er eines Morgens die von Gáti verfertigte Fax-Übersetzung auf dem Schreibtisch vorfand: »Das gewünschte Reiterstandbild (Höhe 4,20 Meter) wird nächste Woche Dienstag an die Wiener Staatsoper geliefert.« Es wurde dann doch nur eine Krips-Büste, die nach wie vor in einem Pausenraum der Staatsoper zu bewundern ist.

Gut is' 'gangen, nix is' g'schehn

Pannen passieren nun mal im Theater – sonst wäre dieses Kapitel um einige Seiten kürzer. Der Angelsachse bezeichnet diesen Umstand mit den Worten »Shit happens«.

Bedauerlich, wenn es schlecht ausgeht, aber viel öfter streckt ein schützender Engel seine Hände aus – wie bei jener Probe im Burgtheater. Andrea Breth war die Regisseurin, die ihr Ensemble zu einer Manöverkritik in den Zuschauerraum bat. Glücklicherweise, denn kaum hatte der letzte Akteur die Bühne verlassen, krachte ein riesiger Kristall-Luster nieder (ja, das gibt es nicht nur im Musical), ein Geschoss, das gewiss Verletzte oder gar Tote gefordert hätte. In die geschockte Stille hinein ertönte eine Stimme aus dem Schnürboden: »'tschuldigung, mein Fehler!«

Und wer von uns könnte behaupten, fehlerlos zu sein?

Wo ist die Oper? In der Krise!

… und womit? Mit Recht!

Dieser Artikel erscheint im Herbst 2009 im Rahmen des Buches »Wir feiern Untergang! Kulturpessimistische Schriften«, herausgegeben von Fabian Burstein, im Residenz Verlag. Die Lektüre der folgenden Zeilen soll Sie keineswegs davon abhalten, das erwähnte Buch zu erwerben, im Gegenteil!

»Wenn die Kulturmenschen ehrlich wären … aber dann wären sie keine Kulturmenschen.« Eine besondere Spielart hoch gezüchteter Unehrlichkeit ist der Kulturpessimismus. Springen wir über den mahnenden Schatten Alfred Polgars (von diesem stammt das einleitende Zitat) und versuchen wir, ehrliche Kulturmenschen zu sein.

Ganz ehrlich, es sieht nicht gut aus im Reich der Oper. Das Hauptproblem ist, dass viel zu viel gespielt wird. Unentwegt müssen weltweit dieselben paar Sänger dieselben paar Opern abspulen. So viel Stückentstellendes kann den armen paar immerselben Regisseuren gar nicht einfallen, dass das nicht langweilt. Die Netrebkos fallen nicht vom Himmel, Mozart ist tot und dem alten Verdi soll es auch nicht sehr gut gehen – also wohin führt das noch?

Vor 400 Jahren war alles besser

Anno 1600 hielt sich die Sache ja noch in vernünftigen Grenzen. Da leisteten sich ein paar verwöhnte Florentiner Adelige das Vergnügen, im kleinen Kreise (daher auch der Name »Camera-

Wo ist die Oper? In der Krise!

Jetzt seien wir mal ehrlich: Kann man eine Kunstform, die solche Fotos hervorbringt, ernst nehmen? Der Bariton Leo Nucci ...

ta« – es war ein Kammervergnügen!) neckische Hirtenspiele mit Musikbegleitung darzubieten. Doch mit dem Auftauchen des ersten Originalgenies der Gattung, Claudio Monteverdi, der noch heute bisweilen auf Spielplänen erscheint, wurde die Sache unübersichtlich. (Apropos, etwas ganz anderes. Von welchem Herrn stammt eigentlich die Behauptung: »Die drei größten italienischen Opernkomponisten sind Monteverdi, Verdi und i'«?)

Die Ensembles und Orchester wuchsen, natürlich auch die Opernhäuser, in die ging dann auch mehr Publikum hinein. Da fing die Misere an, denn wir wissen ja: Was bei Theater wirklich stört, ist das Publikum. Es schmutzt, verbraucht Sauerstoff, dämpft die prächtige Akustik eines leeren Theaters usf. Und es bringt ein Ärgernis mit sich, dass auf den sonderbaren Namen

... und womit? Mit Recht!

... gehört zu den humorvolleren Zeitgenossen. In »Pagliacci« konnte er sich mithilfe einer antiken Handfeuerwaffe so richtig ausleben.

»Publikumsgeschmack« oder »Publikumswünsche« hört. Als die Oper noch in (finanziell potenter) Adelshand war und vor handverlesener Schar von Daphne und Herkules zirpte, hätte es das nicht gegeben: aufmüpfige Stoffe mit frechen Dienern wie »Le nozze di Figaro«, blutrünstigen süditalienischen Proleten wie in »Cavalleria rusticana« oder depressiven Offiziersburschen wie »Wozzeck«. Allein, die Oper wurde über die Jahrhunderte unaufhaltsam populär.

Wer soll das aushalten? (Die Töne nämlich)

Oper wurde Massenunterhaltung. Und sie suchte sich ihre Helden: Kastraten zunächst, später männlich verbliebene Sänger, die aber fast so hoch trällern mussten; ihrer Gabe wegen, diese unmenschlich hohen Töne auszuhalten, wurden sie »Tenöre« genannt. Rossini hielt die Hochton-Aushalter übrigens nicht aus. Einem Tenor, der zu ihm auf Besuch kam, ließ er ausrichten, er solle »sein hohes C in der Garderobe abgeben«.

Wenn der Tenor grenz-göttlich gut war, nannte man ihn »Divo« (heute blickt unter diesem Namen ein knappes halbes Dutzend hübscher junger Herren von einem gewissen Schwarzweiß-Plakat herunter). Dasselbe in weiblich nannte und nennt man »Diva«. Und zwar wegen ihres divenhaften Verhaltens: nämlich nie zu singen, was in den Noten steht (krasserweise geschah das meistens zur Verzückung der anwesenden Komponisten), abzureisen, bevor's am schönsten wird, oder Krawalle mit den zumeist männlichen Verantwortlichen für das Operngeschehen vom Zaun zu brechen. Darauf fielen und fallen die armen Männer auf die Knie, in die Krise oder ins Koma. So erging es Otto Nicolai, Bellini oder Donizetti. Verdi machte den Zirkus nicht mehr mit und zog sich auf sein Landgut zurück, wo er über ein Jahrzehnt lang Feldfrüchte kultivierte und nebenbei ein Altersheim für mittellos gewordene Diven ins Leben rief – nein, rachsüchtig war er nicht.

(Kleiner Exkurs über Diven: Früher erkannte man sie auch akustisch an ihren Macken. Die Jeritza daran, dass sie sang, was ihr gerade einfiel, Callas daran, dass sie wackelte, die Tebaldi, dass sie zu tief sang, die Rysanek daran, dass sie bisweilen alles das auf einmal tat, aber mit überwältigenden hohen C's krönte. Die Superdiva von heute, die gut aussehende Anna Netrebko, erkennt man daran, dass man sie akustisch eigentlich nicht erkennt. Aber optisch, da sieht sie aus wie die gut aussehende Anna Netrebko.)

Seien wir Opernkulturmenschen doch respektlos ehrlich: Singen ist eigentlich einfach. Kann jedes Kind und tut es auch.

Im Laufe unserer Heranzüchtung (und -züchtigung) zu wertvollen, schweigsamen Mitgliedern der Gesellschaft verlernen wir es wieder, manche lernen es erneut und werden aufgrund dieser Reaktivierung kindlichen Verhaltens zickig. Der Operngesang war deshalb von Anfang an in der Krise. Die Komponisten erwiesen sich dabei übrigens als nicht sehr hilfreich: Die Krise des Wagner-Gesangs hat der Bayreuther Meister verschuldet, die Krise des Verdi-Gesangs hat uns niemand anderer als Giuseppe selbst eingebrockt. Und liest man erst, wie unzufrieden Richard Strauss mit den Richard-Strauss-Sängern war! Oder Puccini mit den Puccinisängern, oder …

Krisen und Rumpler

Probleme allerorten seit jeher. Kein Wunder, dass es viel mehr gute traurige als lustige Opern gibt, denn Krise begleitet die Oper. Und Oper begleitet die Krise. Das meiste Geld – in Krisenzeiten sogar das einzige Geld – haben ja immer die Bösen (vom Finanzminister abwärts), und die sitzen prompt auf den besten Plätzen und jubeln begeistert, während die da draußen musiklos hungern und frieren.

(Exkurs über die Bösen: In der Gesetzesgrundlage, welche die Wiener Oper ermächtigt, Oper zu spielen, steht: »Die Wiener Staatsoper ist ein repräsentatives Repertoiretheater.« Kein Mensch weiß, ob dieser Satz ein repräsentatives Repertoire meint, oder ob er die Staatsoper dazu verpflichtet, zu Repräsentationszwecken für Finanzminister und andere böse Regierungsmitglieder herzuhalten.)

Zurück in die unerfreuliche und übrigens viel zu lange Geschichte unserer Kunstform: Um 1930 fuhr ein Rumpler durch die Kultur. Nicht nur, dass man sich auf die Naziherrschaft samt

Wo ist die Oper? In der Krise!

Diese Szene hat es so nie gegeben, sie verdankt sich nur der Kameraperspektive. Nein, so weit ging die Dienstfertigkeit des Leporello für seinen Herrn Don Giovanni (Thomas Hampson) nicht.

angeschlossenem Weltkrieg einstimmte – zugegeben, diese Katastrophe hat viel Opern-Kulturgut vernichtet –, auch eine durchaus sympathische Konkurrenzkunst schickte sich an, der hehren Musikdramatik den Garaus zu machen. Was war denn bis dahin so attraktiv an der Massenkunst Oper gewesen? Sklavenheere, Pferde und Elefanten, Mord und Totschlag, das Ganze mit Musikbegleitung. Aber halt, dachten sich ein paar findige Ingenieure zu Ende der 1920er: Kann das nicht der Tonfilm besser? Und sie erfanden ihn. Die ersten Streifen waren Musikfilme, in denen Tenordiven wie Gigli, Kiepura und Tauber ihre Stimmen erhoben – nicht für Tausende, sondern für Millionen (wir sprechen, wohlgemerkt, von Publikum *und* Gage). Und mit noch besseren Aufmärschen und realistischeren Dolchmorden, als es auf der Bühne je möglich gewesen wäre.

... und womit? Mit Recht!

Die Produzenten und Betreiber der Filmpaläste freuten sich ihres Lebens, die Hauptdarsteller auch, denn bald mussten sie gar nicht mehr singen können, sondern konnten leise sprechen fast wie normale Menschen, während das Studioorchester den Herzschmerz mit Vibrato beisteuerte. Schnell noch ein paar jüdische Komponisten nach Hollywood gescheucht (allen voran Erich Wolfgang Korngold, ein geborener Brünner), die zwar lieber weiter für mitteleuropäische Opernhäuser geschrieben hätten, aber keinesfalls für die KZ-Kapelle. Nun ließen sie Hollywood ein wenig nach gutem alten Europa klingen, während sich Errol Flynn (übrigens ein geborener Australier, übrigens wie Nicole Kidman, die aber in Honolulu geboren wurde) an Tauen und Johnny Weissmüller (übrigens ein geborener Banatdeutscher und Meisterschwimmer) an Lianen über die Leinwand schwangen.

Bo Skovhus bewahrt den Blick fürs Wesentliche (an Elizabeth Norberg-Schulz).

Hochkultur und Museum

Wurde die Oper schon durch den Film nachhaltig beschädigt, setzten ihr bald weitere schwere Schläge zu: Ausgerechnet seit das Volk selbst für die teure Kunst aufkommen musste, erschien der Gedanke, dass Oper eigentlich »Hochkultur« ist (was immer das nun bedeutet), eine »Elitekunst«. Und die Komponisten, die allgemein beliebte Musik schreiben konnten, kümmerten sich nicht mehr um Oper. Sie geriet in die Hände jener, die klüger waren und daher komplizierter dachten als jene vielen, die mit Geld in der Hand zur Theaterkassa zu gehen bereit sind.

Ein rabiater Themenwechsel, aber nur scheinbar: Porsche hat sich in Stuttgart ein Museum gebaut! Da hat's die Oper besser: Sie hat ein Museum in jeder größeren Stadt, in noch größeren (»Kulturstädte« genannt) verfügt sie sogar über deren mehrere. Wenn von den rund 70 Werken, die in Wiens Operntempeln jährlich geboten werden, ein bis zwei aus dem 21. Jahrhundert stammen und diese ein Dutzendmal gezeigt werden, bricht ein lautes Schulterklopfen aus. Der Bilanzfälschung wegen werden auch noch tote Urgroßväter wie Janáček und Alban Berg als »Moderne« ausgegeben. Diese Opern-Tatsache ist leider unumstößlich: Das Publikum von heute ist nicht neugierig, sondern altgierig. Mag es blöd sein, aber es ist nun mal das Publikum, ohne das es nicht geht.

Den Begriff des »Opernmuseums« hat übrigens niemand Geringerer als Richard Strauss erfunden, also einer der letzten Schöpfer repertoirefähiger Opern. Dabei hat er es gar nicht bös gemeint. Oper gehört zum abendländischen Kulturgut. Und so wie wir einen Rubens oder einen Rodin für spätere Generationen bewahren und besichtigbar machen, muss dies auch mit den Meisterwerken von Mozart bis, nun ja, Strauss geschehen (meinte Strauss). Nach ihm kamen wirklich nicht mehr viele: Gershwin (leider nur mit dem einen »Porgy and Bess«), Britten schlug noch mehrfach zu (gilt aber zumeist auch noch als Rarität, nicht als Repertoire), Zimmermann, Rihm, Henze ... jaja, es gibt sie schon noch, die Komponisten, aber so richtige Straßenfeger, Dauerbrenner und Kassenbeglücker wollen ihnen nicht mehr aus der Feder fließen.

Alle gegen Amerika

Ein Dauerbrenner des Kulturpessimismus hingegen ist das Schreckgespenst der »Amerikanisierung«, d. h. der völligen Verflachung und Geschmacksaufgabe. Wenn unser gutes Abendland schon laut Oswald Spengler untergegangen ist, aber sich immer noch was kulturell rührt, dann muss das erstens amerikanisch sein und zweitens schlecht.

Merkwürdigerweise werden in den USA unverdrossen nicht nur alte Opern gespielt, sondern auch neue produziert: »Of Mice and Men«, »A Streetcar named Desire« (oder, wie ich einmal an der Kassa hörte: »... named Désirée«), »Dead Man Walking« sind nur drei Titel, die um die Welt gegangen sind – welche drei aus der europäischen Musiktheaterschmiede der letzten Jahre fallen uns schnell ein?

Musical ist zwar die lebendigste Musiktheaterform der heutigen Zeit, aber für die allermeisten Kulturmenschen nicht zum Hinschauen. Beim Wegschauen versäumen sie zwar so manches Gute, was der Broadway hervorbringt, aber man wird sich doch nicht mit Gewalt die mühsam erworbenen Vorurteile zerstören. Folgender Dialog mit einem angesehenen Musikkritiker hat wirklich stattgefunden: »ER: Es gibt überhaupt keine guten neuen Musicals. ICH: Sie sollten mal an den Broadway fahren, dort kommt immer wieder mal etwas Gutes heraus. ER: Ich werde doch für den Mist nicht nach New York fahren.«

Gewiss ist viel Schrott dabei, aber der geht brav unter, keine Sorge. Wir messen die Lebensberechtigung der Oper auch nicht an Dittersdorf und Georg Joseph Vogler, nicht einmal an Haydns und Schuberts Hervorbringungen – die werden alle heiligen Zeiten hervorgekramt, um zu beweisen, dass die Meister des Streichquartetts bzw. des Klavierliedes nicht auf der musiktheatralischen Nudelsuppe dahergeschwommen sind. Aber waren sie die Besten der Opern-Besten? Mitnichten. Im Musical bleiben Namen wie Gershwin, Rodgers & Hammerstein, Cole Porter, Bernstein und Sondheim übrig. Je nun – alles Amerikaner, also besser nicht hinschauen und -hören.

Das Letzte: Operette

Müssen wir wirklich so tief sinken, auch noch die arme alte Operette in unsere Klagen einzubeziehen? Die nimmt ja nun gar niemand ernst, und was man nicht ernst nimmt, ist keine Kultur. Es gab vielleicht mal so etwas wie Unterhaltungskultur, an der die Klügsten und Talentiertesten mitgearbeitet haben, aber diese Zeiten sind vorbei. Heute sind die Dummerln bei der Unterhaltung und die G'scheiterln bei der Kultur zu Hause. Hin und wieder wird ein Werk »ernst genommen«, was zu seinem sofortigen Ableben führt. Zumeist aber wird Operette parodiert, was aber auch nicht funktioniert, weil man einen Spaß nicht parodieren kann.

Hand aufs Herz: Das Dutzend Operetten, das uns mit aller Gewalt einfällt, wird im Zwölfjahresrhythmus in Mörbisch gespielt, wo es angeblich untersagt ist, die Vorstellungen nüchtern zu betreten. Der Rest des höchstens 100 Werke umfassenden Operetten-Repertoires wurde dank den jüdischen Schöpfern von

den Nazis eingestampft und vergessen, oder in der Nachkriegs-
zeit von Rudolf Schock, Anneliese Rothenberger und anderen
verdienten ehemaligen Opernsängern samt großen Unterhal-
tungsorchestern in Grund und Boden musiziert. Ein Boden, auf
dem nur noch Altersheime gedeihen.

Außerdem gibt es gar keinen Sängernachwuchs für Operette –
die müssten dann womöglich Dialog sprechen und tanzen lernen;
und dann landen wir bei den barbarischen Amerikanern, mit
deren Multitalenten wir nichts zu tun haben wollen. Bei uns
schätzt man die Künstler für das, was sie *nicht* können. »Er kann
zwar nicht singen, aber …«

Großvaterwerk

Womit sich der Bogen, von dem wir zu Anfang den Pfeil des Pol-
gar-Zitates abgeschossen haben, schließt. Nämlich mit einem
Zitat seines Freundes Egon Friedell: »In Wien wird man nur be-
rühmt, wenn man etwas auffällig *nicht* tut: Prinz Eugen hat die
Stadt unter größtem Aufsehen *nicht* von den Türken befreit,
Lueger hat unter allgemeinem Zulauf *nichts* für Wien getan …«

Was tut denn Oper für uns? Was tut ihr minderbemittelter
Nachwuchs, Frucht einer Mesalliance mit der Posse, die Operette (die laut Leo Slezak von beiden Eltern nur das Schlechte ge-
erbt hat)? Was tut das Musical, die missratene amerikanische
Nichte? Sie kosten wahnsinnig viel Geld, auch wenn man nicht
hingeht. Und die, die hingehen, verlieren auch noch wertvolle
Zeit dabei, in der man das bewusste Geld besser an der Börse ver-
spekulieren könnte. Man komme mir bloß nicht mit Umwegren-
tabilität, die gibt's auch bei Pferderennen und Erdbeben, und die
machen auch nicht viel schlimmere Geräusche als ein entfessel-
tes Wagner-Orchester.

Wo ist die Oper? In der Krise!

Oper heißt auf Deutsch »Werk«, klingt aber wie »Großvater«. Beides stimmt. Unsere Großväter haben sie noch erlebt, die neuen Werke. Wir müssen uns mit den alten herumschlagen, diesen unsterblichen Kisten, die von Liebe, Hass, Eifersucht, Glück und Verzweiflung erzählen und zwei bis sechs Stunden dauern – wo doch unsere Aufmerksamkeitsspanne heutzutage eine Minute nicht übersteigt! (»Sound snacking« heißt das auf amerikanisch, wie ja alles einen amerikanischen Namen haben muss, weil es sonst nicht ernst genommen wird, vgl. »gehen« = fad und »walking« = angesagt.)

Also: Die Oper ist in der Krise. Und womit? Mit Recht. Denn wenn sie woanders wäre, gäbe es sie wahrscheinlich nicht. Das wäre allerdings auch schade. Denn worüber kann man sich sonst so trefflich ärgern und ausgelassen debattieren, ohne das Geringste davon zu verstehen?

Schluss jetzt!

Kein Nachwort

Der Philosoph George Steiner hat unlängst ein Buch mit dem deprimierenden Titel »Warum Denken traurig macht« veröffentlicht. Wahrscheinlich stimmt die Botschaft ja … Aber haben Sie kein schlechtes Gewissen, wenn Sie sich auf unserem Schwanenausflug amüsiert haben!

Der Ebenfalls-Philosoph Ludwig Wittgenstein wieder sprach (oder schrieb): »Man muss nicht dumm sein, um etwas nicht zu verstehen. Es ist aber auch nicht alles dumm, was man nicht versteht.« Da liegt schon ein deutlicherer Hoffnungsschimmer drin.

Robert Meyer erzählte mir die vielsagende Anekdote von einem Burgtheater-Gastspiel im niederösterreichischen Grein, lang, lang ist's her: Eine ausgewählte Schar von Burg-Größen, darunter Paula Wessely und Richard Eybner (der Meyer die Geschichte auch weitergegeben hatte), spielte Komödie. Im Stadtsaal herrschte für die gesamte Dauer der Aufführung eisige Stille, kein Laut, kein Lacher, nicht einmal ein Gluckser begleitete die Bemühungen der immer tiefer demoralisierten Schauspieler, frenetischer Schlussjubel konnte sie nicht trösten. Bei der anschließenden Feier im benachbarten Wirtshaus trat der Bürgermeister der Gemeinde stolz in die Runde der niedergeschlagenen Mimen und meinte selbstzufrieden: »Na, was sagt's zu meine Greiner?« Und als niemandem ein lobendes Wort für das eiskalte Publikum einfallen wollte, setzte er hinzu: »Ich hab' ihnen g'sagt: Heut kommt des Burgtheater, da wird net g'lacht!«

Also, in freier Abwandlung Wittgensteins: Man muss nicht

– 251 –

Schluss jetzt!

dumm sein, um Spaß zu haben (oder haben zu wollen), es zeugt nicht von Kulturbeflissenheit und gesteigerter Weisheit, Langeweile und Dumpfheit zu akzeptieren. Bitte, bleiben wir bei dieser Überzeugung, ob wir durch den sogenannten Alltag spazieren oder dessen maßlose Komprimierung und Übersteigerung innerhalb einer Opern- oder Theatervorstellung genießen. Auf dass es uns nie so ergehe wie in folgender, allerletzter Anekdote. Der große Michael Heltau hat sie mir anvertraut. – Eines Abends, der Burgschauspieler stand nicht auf der Bühne, sondern saß im Publikum seines Hauses, hörte Heltau am Beginn der Pause folgenden Dialog eines nicht eben hingerissenen älteren Ehepaares mit an:
SIE *(inquisitorisch):* G'fallt's dir? – ER *(kleinlaut):* Naja ... schon ... a bisserl fad is' halt. – SIE *(triumphierend):* Das g'hört so.

Da waren alle wieder wach: Traude Klöckl im Gespräch mit mir, Karin Voykowitsch nicht im Gespräch mit einem Dirigenten, dessen Namen ich vergessen habe. Links vorne lacht ein Dirigent, dessen Namen ich ebenfalls vergessen habe (ich werde auch nicht jünger), neben ihm lacht Hubert Deutsch, Diana Kienast lässt einen feurigen Blick in den Zuschauerraum fallen, Angelika Csillag kennen wir bereits vom Umschlag und Marcel Prawy wirkt auch beim Applaudieren so, als würde er schlafen – was zu beweisen war!

Personenregister

Abbado, Claudio 67
Abraham, Paul 211
Adlmüller, Fred 187
Adorno, Theodor W. 193
Allen, Woody 205
Anderson, Pamela 191
Androsch, Hannes 184, 187
Antel, Franz 187
d'Arcangelo, Ildebrando 67f.
Atkinson, Rowan 183

Bach, Johann Sebastian 25, 227
Baltsa, Agnes 62, 82, 189
Barenboim, Daniel 16ff., 52, 56, 111f.
Bastianini, Ettore 59
Battle, Kathleen 70
Baum, Kurt 137
Beethoven, Ludwig van 29, 77, 161, 231
Beimpold, Ulrike 139
Beirer, Hans 28
Bellini, Vincenzo 242
Benatzky, Ralph 144
Berg, Alban 21, 246
Berg, Armin 118
Berger, Rudolf 73, 101, 228
Berlin, Irving 145
Berlusconi, Silvio 35
Bernstein, Leonard 97f., 128, 248
Berry, Walter 65f.

Bin Laden, Osama 110, 126, 220
Bing, Rudolf 77
Bocelli, Andrea 108
Brahms, Johannes 18, 25
Brandauer, Klaus Maria 38
Breth, Andrea 238
Britten, Benjamin 31f., 247
Brooks, Mel 94
Brown, Dan 9, 226
Buchinger, Erwin 232
Burstein, Fabian 239
Bush, George 133

Callas, Maria 59, 242
Cardinale, Claudia 191
Carreras, José 80, 208
Caruso, Enrico 41
Casals, Pablo 31
Cebotari, Maria 127
Cencic, Maksimilijan 13
Chéreau, Patrice 64
Cohen, Sacha Baron 185
Corelli, Franco 76f., 100
Corelli, Loretta 77
Csillag, Angelika 13, 252
Czerwenka, Oskar 64

Dallapozza, Adolf 94
Danieli, Ron 35
Deutsch, Hubert 252
Dittersdorf, Carl Ditters von 248
Dohnányi, Christoph von 101

Domingo, Plácido 15, 18, 35ff., 52, 82, 97, 208
Dönch, Karl 30, 116
Donizetti, Gaetano 242
Dorak, Martina 139
Dunaway, Faye 191
Dusek, Peter 76

Ebner, Jeannie 212
Ecker, Balász 184, 201f.
Edelmann, Otto 66
Erede, Alberto 43
Erhardt, Heinz 7, 9f.
Everding, August 27
Eybner, Richard 251

Fally, Daniela 121
Farkas, Karl 170, 232
Fayer, Lilian 65
Finger, Edi sen. 186, 211
Fischer, Ottfried 187
Fischer, Wolfgang 104, 174
Fischer-Dieskau, Dietrich 24f.
Fischer-Karwin, Heinz 188
Fish, Asher 236
Flechl, Elisabeth 120
Flynn, Errol 245
Franz Joseph, Kaiser 175, 188
Freyer, Achim 96
Friedell, Egon 186, 249
Fritthum, Michael 237
Furlanetto, Ferruccio 54ff.

Personenregister

Gaida, Hansjürgen 100f.
Gallo, Lucio 42, 67, 214
Gáti, István 237
Gavazzeni, Gianandrea 60
Gelb, Peter 56
Gergiev, Valery 53
Gernot, Viktor 229
Gershwin, George 247f.
Ghiaurov, Nicolai 100
Gigli, Beniamino 244
Girardi, Alexander 117
Glas, Uschi 187
Gorbatschow, Michail 133
Griensteidl, Heinrich 212f.
Gromes, Michael 15
Grünbaum, Fritz 226
Grundheber, Franz 46f.
Guggia, Mario 44
Gürtler, Elisabeth 189

Hackl, Karlheinz 117
Hagg, Nicolaus 229
Halász, Michael 100
Hammerstein, Oscar II. 54, 248
Hampson, Thomas 244
Harnoncourt, Nikolaus 43
Hausmann, Mathias 48
Hawlata, Franz 82, 84
Haydn, Joseph 153, 161, 166
Heesters, Johannes 49ff.
Heller, André 160, 228f.
Hellsberg, Clemens 15
Heltau, Michael 252
Henze, Hans Werner 247
Herzl, Robert 67
Hitler, Adolf 26, 50, 107

Hohenlohe, Alice 179
Hohenlohe, Fanny 178f.
Hohenlohe, Karl 14, 48, 129, 173ff., 189, 193
Holecek, Heinz 44
Holecek, Sebastian 45f.
Holender, Ioan 18ff., 22f., 38, 46, 80, 83f., 98ff., 112, 114ff., 121, 175, 189f., 193, 229
Hornegg, Rudolf 192
Horowitz, Vladimir 226
Houellebecq, Michel 98
Hummer, Corvin 224f.

Ikaia-Purdy, Keith 73

Jagger, Bianca 180
Jagger, Mick 180
Janáček, Leoš 246
Jandl, Ernst 138
Jeritza, Maria 127, 242
Jerusalem, Siegfried 28
Johansson, Scarlett 55
Jürgens, Udo 128
Jurinac, Sena 66

Kaiser, Mario 49f.
Kammerer, Hans Peter 83f.
Kang, Philipp 28
Karajan, Herbert von 16, 29f., 33, 62f., 97f., 108
Kdolsky, Andrea 232
Keszler, Gery 51
Kidman, Nicole 245
Kienast, Diana 44, 252
Kiepura, Jan 127, 136f., 244
Kiesbauer, Arabella 186
Kirchschlager, Angelika 66f., 83f.
Klappert, Friedemann 221

Kleiber, Carlos 21ff., 116, 134
Klemperer, Otto 24ff.
Klöckl, Traude 215, 252
Kmentt, Waldemar 65
Knappertsbusch, Hans 28
Koller, Dagmar 69, 185
König, Ingeborg 132
Korngold, Erich Wolfgang 127f., 245
Kortner, Fritz 89
Kowalski, Jochen 51
Kraus, Karl 213
Kreisky, Bruno 130, 187f.
Krips, Josef 237
Kubadinow, Irina 13
Kuchinka, Alexander 139
Kunz, Erich 65, 70
Kürsten, Reinhard 74
Kushpler, Zoryana 56
Kwasniewska, Yolanta 182
Kwasniewski, Aleksander 182

Lahnsteiner, Werner 13, 81
Lang Lang 212
Latham-König, Jan 102
Leander, Zarah 232
Lehár, Franz 47
Lembke, Robert 130, 186
Leoncavallo, Ruggero 34
Leopoldi, Hermann 139
Levi, David 69
Lewin, Michael 37
Liewehr, Fred 93
Lindner, Monika 184
Lindtberg, Leopold 89

– 254 –

Personenregister

Lissner, Stéphane 112
Löbl, Karl 102f.
Loesser, Frank 90
Löffler, Robert 14, 16
Lohner, Helmuth 140
Löhner-Beda, Fritz 32
London, George 69
Lopardo, Frank 42f.
Loren, Sophia 191
Lothar, Ernst 86
Lott, Felicity 23
Lubitsch, Ernst 90
Ludwig, Christa 66
Luftensteiner, Josef 237
Lugner, Richard 190f.,
  196

MacDowell, Andie 191
Madia, Giorgio 220
Marboe, Peter 138ff.
Marecek, Heinz 90ff.
Marelli, Marco Arturo
  80ff.
Mascagni, Pietro 127
Massenet, Jules 78
Matić, Peter 120
Mehta, Zubin 18ff., 70f.
Meier, Waltraud 18
Melchior, Lauritz 41
Merkatz, Karl 225
Merrill, Nat 135
Mesic, Stjepan 181
Meyer, Dominique 18,
  56
Meyer, Robert 55, 92,
  116ff., 219, 237, 251
Meyerbeer, Giacomo 82
Mielitz, Christine 83
Minich, Peter 94
Moll, Kurt 51, 62
Monaco, Giancarlo del
  40, 85
Monaco, Mario del 40,
  59
Monteverdi, Claudio 240

Montez, Orlando 35
Moorefield, Olive 134
Morgenstern, Christian
  86
Moser, Hans 231
Moser, Thomas 65
Mozart, Wolfgang Ama-
  deus 19, 86, 108,
  138ff., 231, 239, 246
Mussolini, Benito 34
Muti, Riccardo 18ff.

Nader, Sascha 237
Nastase, Ilie 110
Nestroy, Johann Nepo-
  muk 117, 232, 237
Netrebko, Anna 127,
  202, 228, 239, 242
Neuenfels, Hans 82
Niavarani, Michael 138,
  173, 229
Nicolai, Otto 242
Nilsson, Birgit 76f.
Norberg-Schulz, Eliza-
  beth 245
Norman, Jessye 70
Novohradsky, Thomas
  36, 106, 137, 217f.
Novotna, Jarmila 127
Nucci, Leo 240
Nuredini, Aki 20, 56ff.

Offenbach, Jacques 38,
  209
Ofsepian, Gurgen 37f.
Okerlund, Kristin 108
Olden, Hans 61
Ozawa, Seiji 56, 110

Palfrader, Robert 184f.
Pandolfi, Elio 231
Pape, René 18, 51ff.,
  95f.
Pappano, Antonio 101
Patzak, Julius 42, 61

Pavarotti, Luciano 42,
  97, 225
Pederson, Monte 51
Perkins, Anthony 65
Perry, Janet 62
Peymann, Claus 106
Pfitzner, Hans 28
Pianduni, Osvaldo 43
Pieczonka, Adrianne 19
Pirgu, Saimir 42
Polgar, Alfred 86, 119,
  239, 249
Popov, Wladimir 43
Popp, Christl 209
Popp, Franz-Leo 204ff.
Porter, Cole 248
Pountney, David 79
Prawy, Marcel 13, 22,
  24, 79, 86, 88, 122ff.,
  190, 252
Protti, Aldo 59
Puccini, Giacomo 133,
  212, 243

Raftl, Ro 67f.
Raimondi, Ruggero 67,
  71, 215
Ramos, Melba 120
Randolph, James 135
Rapp, Peter 185
Rennert, Günther 26
Rethel, Simone 50
Rihm, Wolfgang 247
Rimski-Korsakow,
  Nikolai 139
Ringelnatz, Joachim 115
Röbbeling, Hermann
  118
Rodgers, Richard 54,
  248
Rodin, Auguste 246
Roosevelt, Theodore jr.
  27
Rosei, Peter 211
Rosen, Jerry 23, 65

Personenregister

Rossini, Gioacchino 242
Rostropowitsch, Mstislav 31
Rothenberger, Anneliese 249
Rubens, Peter Paul 246
Ruzicka, Peter 95f.
Rysanek, Leonie 242

Sack, Erna 219f.
Salieri, Antonio 139
Salmhofer, Franz 64, 114
Schäfer-Elmayer, Thomas 185
Schenk, Otto 86ff., 232
Schiller, Friedrich 225
Schiller, Jeannine 200f.
Schließer, Roman 67
Schmitt-Thiel, Gerhard 187
Schneider, Romy 122
Schnitzler, Claude 78
Schock, Rudolf 219, 249
Schönfeldt, Christl 192f.
Schubert, Franz 218f., 226, 248
Schwarzkopf, Elisabeth 65f.
Seefehlner, Egon 97f.
Seefried, Irmgard 69
Seipel, Wilfried 190
Serafin, Harald 47ff., 185
Shicoff, Neil 73ff.
Shimell, William 19
Sinhuber, Brigitte 10
Skovhus, Bo 245
Slezak, Leo 10ff., 41, 210, 249
Slezak, Walter 11
Sobotka, Elisabeth 13, 37f.
Solti, Georg 29, 52

Sondheim, Stephen 69, 248
Spengler, Oswald 247
Springer, Georg 84, 208, 211, 215
Šramek, Alfred 60f.
Stefano, Giuseppe di 42
Stein, Horst 28
Steiner, George 251
Stelzmüller, Winfried 74
Stolz, Robert 128
Straßer, Diethmar 237
Straus, Oscar 96
Strauß, Franz Josef 187
Strauß, Johann 191
Strauss, Richard 18, 65f., 127, 243, 246f.
Strecker, Heinrich 32
Struckmann, Falk 18

Tauber, Richard 32, 44
Tebaldi, Renata 242
Terfel, Bryn 19, 215
Terkal, Karl 61ff.
Theurer, Sissy 182
Tobisch-Labotyn, Lotte 14, 193
Tomowa-Sintow, Anna 62
Torberg, Friedrich 11
Toscanini, Arturo 29
Trabitsch, Thomas 125
Treichl-Stürgkh, Désirée 193
Trenkwitz, Georg 98, 183

Vadhera, Sushil 20
Valentino, Rudolph 14, 19
Vargas, Ramon 56
Verdi, Giuseppe 20, 71,

75, 80, 127, 175, 230, 239, 240, 242f.
Villazón, Rolando 15
Vogler, Georg Joseph 248
Volpe, Joseph 114
Voves, Franz 201
Voykowitsch, Karin 252

Waechter, Eberhard 63f., 86, 100
Wagner, Christoph 12
Wagner, Cosima 26
Wagner, Daniela 29
Wagner, Emilia 174, 178f.
Wagner, Richard 127, 234f.
Wagner, Wieland 26
Weber, Michael 234
Weber, Peter 211
Weigersdorfer, Ulla 180
Weikl, Bernd 35f.
Weissmüller, Johnny 245
Welser-Möst, Franz 33
Wengraf, Senta 190
Werner, Alfred 121
Wessely, Paula 88, 251
Wittgenstein, Ludwig 251
Wochinz, Herbert 98
Wörle, Robert 95ff.

Young, Simone 32

Zampieri, Mara 73, 102
Zanella, Renato 188
Zawinul, Joe 187
Zednik, Christel 68
Zednik, Heinz 62ff., 68, 108
Zilk, Helmut 187
Zimmermann, Bernd Alois 247

– 256 –